河北省社科联重点课题（201802040108）

河北省社会科学基金重大项目（HB19ZD04）

河北省建材职业教育集团示范项目

博士生导师学术文库

A Library of Academics by
Ph.D.Supervisors

高等职业教育发展
及其对区域经济影响研究

基于人力资本理论视角

———·———

李雪峰　陈凯　陈钰　著

光明日报出版社

图书在版编目（CIP）数据

高等职业教育发展及其对区域经济影响研究：基于
人力资本理论视角 / 李雪峰，陈凯，陈钰著 . -- 北京：
光明日报出版社，2023.7

ISBN 978 - 7 - 5194 - 7365 - 5

Ⅰ.①高… Ⅱ.①李… ②陈… ③陈… Ⅲ.①高等职
业教育—发展—影响—区域经济发展—研究—中国 Ⅳ.
①F127

中国国家版本馆 CIP 数据核字（2023）第 127596 号

高等职业教育发展及其对区域经济影响研究：
基于人力资本理论视角

GAODENG ZHIYE JIAOYU FAZHAN JIQI DUI QUYU JINGJI YINGXIANG YANJIU：
JIYU RENLI ZIBEN LILUN SHIJIAO

著　　者：李雪峰　陈　凯　陈　钰

责任编辑：刘兴华　　　　　　　　责任校对：宋　悦　阮书平

封面设计：一站出版网　　　　　　责任印制：曹　净

出版发行：光明日报出版社

地　　址：北京市西城区永安路 106 号，100050

电　　话：010 - 63169890（咨询），010 - 63131930（邮购）

传　　真：010 - 63131930

网　　址：http：// book. gmw. cn

E - mail：gmrbcbs@ gmw. cn

法律顾问：北京市兰台律师事务所龚柳方律师

印　　刷：三河市华东印刷有限公司

装　　订：三河市华东印刷有限公司

本书如有破损、缺页、装订错误，请与本社联系调换，电话：010 - 63131930

开　　本：170mm×240mm

字　　数：182 千字　　　　　　　印　　张：14.25

版　　次：2023 年 7 月第 1 版　　　印　　次：2023 年 7 月第 1 次印刷

书　　号：ISBN 978 - 7 - 5194 - 7365 - 5

定　　价：89.00 元

前　言

　　人力资本是指人们受到教育、培训、实践经验、迁移、保健等方面的投资而获得的知识和技能的积累。教育是人力资本累积的一个最重要的来源，而高等职业教育是我国教育体系不可缺少的重要组成部分。近些年高等职业教育在国民经济发展中的作用逐渐显现，尤其是在现阶段，大力发展高等职业教育成为培养大批高等技术应用型人才，配合产业结构升级调整，推动我国经济社会和谐发展的重要途径。本书从人力资本视角分析我国高等职业教育的发展问题，提出适合我国国情的人力资本度量方法，验证高等职业教育对我国经济发展的作用，提出相应建议，对完善我国教育体系、促进我国经济持续发展以及和谐社会的实现具有重要作用。研究的主要贡献与发现：

　　首先，基于人力资本理论、内生经济增长理论和劳动价值等理论，从技能专长、工作经验、教育背景等提出个体人力资本测量模型；根据组织员工人数、教育年限、学历权重、技能与任务匹配程度等提出组织人力资本测量模型；考虑区域劳动人数、区域人均教育投入、区域人均受教育年数等提出区域人力资本测量模型。进而研究在不同时间空间下人力资本、高等职业教育与社会经济发展的关系。

　　其次，构建了一个包括总体规模指数、经费收支指数和教学条件指数的区域高等职业教育水平指标体系，采用 TOPSIS 方法和 ARCGIS 等技术对我国 2011—2019 年 31 个省区市区的高等职业教育水平进行了综合测度和时空变化测量。结果显示：2011—2019 年，我国高等职业教育发展水平存在着不均衡现象，广东、江苏和山东三省的高等职业教育发展综合水平处于全国前列，不过近些年这种不均衡发展现象呈现减弱趋势。

再次，针对不完全信息下高等职业教育发展水平的测度问题，提出不完全信息下基于 TOPSIS 的高等职业教育发展水平测评方法，具体包括基于区间 TOPSIS 的方法和基于模糊 TOPSIS 的方法，通过数值实验验证了方法的可行性与优势性。研究发现：在不完全信息下高等职业教育发展水平的测度中，决策者的乐观程度会对评估值产生影响，甚至会改变评估顺序，而决策者的乐观程度对评价结果的影响，随评价数据的不确定性程度而变化。

最后，建立关于人力资本、高等职业教育与经济发展的结构方程模型，利用我国 2011—2019 年的数据，揭示了人力资本、高等职业教育和经济发展的作用关系。建立了人力资本差异、高等职业教育差异和经济发展差异的结构方程模型，验证了三者之间的关系：区域高等职业教育水平通过正向影响区域高职毕业生本地就业率，进而正向影响区域人力资本水平；区域经济发展水平通过正向影响高等职业教育投入，进而正向影响区域高等职业教育水平。同时，验证分析了高等职业教育与经济发展匹配度对经济发展的影响，进一步验证了高等职业教育水平对经济发展的促进作用。

目 录
CONTENTS

第一章 引 言 …………………………………………………… 1

第一节 研究背景与意义 …………………………………… 1

第二节 主要研究内容与思路 ……………………………… 3

第三节 内容结构 …………………………………………… 7

第二章 研究综述与相关理论 ………………………………… 9

第一节 国内外相关研究综述 ……………………………… 9

第二节 相关基础理论 ……………………………………… 24

第三章 我国高等职业教育与人力资本匹配性分析 ………… 34

第一节 我国高等职业教育概况 …………………………… 34

第二节 人力资本与区域经济的匹配度测量模型 ………… 42

第三节 匹配度测量结果与分析 …………………………… 47

第四节 小结与建议 ………………………………………… 52

第四章　个体、组织与区域人力资本测量方法研究 ……… **54**

第一节　个体人力资本测量指标与方法 ……… 54

第二节　组织人力资本测量指标与方法 ……… 57

第三节　区域人力资本测量指标与方法 ……… 63

第四节　小结与建议 ……… 66

第五章　基于 TOPSIS 的我国高等职业教育发展水平时空对比 ……… **67**

第一节　高等职业教育发展水平测度指标 ……… 67

第二节　省域视角下我国高等职业教育水平时空变化 ……… 69

第三节　基于 TOPSIS 的综合测评结果与分析 ……… 98

第四节　小结与建议 ……… 104

第六章　不完全信息下我国高等职业教育发展水平测评方法 ………… **106**

第一节　基于区间 TOPSIS 的高等职业教育发展水平测度方法 …… 106

第二节　基于模糊 TOPSIS 的高等职业教育发展水平测度方法 …… 119

第三节　小结与建议 ……… 137

第七章　基于结构方程模型的人力资本、高等职业教育与区域经济增长

**　　　实证研究** ……… **139**

第一节　人力资本、高等职业教育与经济增长关系分析 ……… 139

第二节　概念模型的构建 ……… 143

第三节　概念模型的研究假设 ……… 148

第四节　数据获取与结果分析 ……… 151

第五节　小结与建议 ……… 158

第八章　人力资本、高等职业教育与区域经济的差异性与匹配性实证

　　　　研究 ··· **159**

　第一节　人力资本、高等职业教育与区域经济差异关系分析 ········ 159

　第二节　概念模型的构建 ····································· 163

　第三节　数据获取与结果分析 ································· 166

　第四节　小结与建议 ··· 176

第九章　我国高等职业教育与区域经济协调发展的政策建议与保障措施

　　　　 ··· **177**

　第一节　我国高等职业教育的问题及成因分析 ················· 178

　第二节　促进我国高等职业教育健康发展的政策建议 ··········· 182

　第三节　促进我国高等职业教育健康发展的保障措施 ··········· 189

　第四节　我国普通高等教育与高等职业教育协调发展模式与路径

　　　　 ··· 191

第十章　结论与展望 ·· **195**

　第一节　结　论 ··· 195

　第二节　展　望 ··· 197

参考文献 ·· **198**

第一章

引　言

第一节　研究背景与意义

人力资本是指人们受到教育、培训、实践经验、迁移、保健等方面的投资而获得的知识和技能的积累（Miller et al., 2015；Vomberg et al., 2015）。美国经济学家舒尔茨和贝克尔认为，人力资本包括存在于人体中的知识、技能和体能等因素，并且这些因素要具有一定的经济价值。因此，个体的受教育程度及个人经历对其人力资本水平的高低有着重要影响。对于不同区域来说，由于区域内个体人力资本水平以及区域社会文化的差异，每个区域的人力资本会具有不同的规模，并且同一区域的不同发展阶段，其人力资本规模的大小也会随着区域内个体人力资本的变化而变化（钱雪亚等，2014；Peng et al., 2015）。

由于人力资本要素具有一定的经济价值，不同区域人力资本规模的差异会引起其经济和社会发展水平的不平衡（Robert et al., 2015）。人力资本投资在一定程度上与国民收入成正比，且比物质资源增长速度快，因此，人力资本对区域经济增长和社会发展具有重大促进作用。反过来看，如果出现了区域发展的不平衡，很可能是由区域内人力资本水平和结构差异导致的。区域的人力资本水平受该区域的文化、知识和教育等的影响，所以区域经济发展水平与区域个体的教育水平有重要关系。

教育是人力资本累积的一个最重要的来源，而高等职业教育是我国教育体系的重要组成部分（王萍，2015）。当前我国在不同教育水平、人才政策及社会环境等方面的差异，引起了不同地区人力资本水平、结构和流动的差异，进而导致不同区域经济发展不均衡的现象（刘蓉晖等，2014；Wantchekon et al.，2016）。因此，从人力资本的视角，研究我国高等职业教育的发展以及其对该地区经济的影响，有利于深度分析和认识区域经济发展不平衡的现象，对于提升该地区人力资本水平与规模和促进该地区经济发展具有重要的现实意义。

本书从人力资本视角分析我国高等职业教育的发展问题，提出适合我国国情的人力资本度量方法，提出我国高等职业教育发展水平的测评方法，并分析我国普通高校与高等职业院校协调发展模式，揭示高等职业教育对我国经济增长和居民收入的促进作用，进而针对当前我国高等职业教育发现的问题提出应对策略，将对改善我国教育发展、促进我国经济持续发展以及和谐社会的实现具有重要作用。

可能产生的经济和社会效益：

（1）充分发挥高等职业教育对我国经济增长和居民收入的促进作用。针对高等职业教育对我国经济发展作用测量难的问题，通过研究人力资本、高等职业教育、经济增长和居民收入之间的关系，能够明确高等职业教育对我国人力资本、经济增长和居民收入的促进作用，为其进一步良性发展提供支持。

（2）不断强化高等职业教育对我国人力资本市场的促进作用。进一步明确高等职业教育在我国教育体系中的重要作用，纠正当前存在的一些不当理念，能够有效促进普通高校与高等职业院校协调发展，最终能够促进我国人力资本质量和结构的完善。

（3）为制约我国当前高等职业教育健康发展的关键问题提供一定的解决思路与方法。通过对我国高等职业教育现有的问题进行研究，参考国外发达国家高等职业教育发展经验，提出促进我国高等职业教育健康发展的策略。

第二节 主要研究内容与思路

一、主要研究内容

在对我国高等职业教育进行概述的基础上，主要分为四部分进行探究。第一部分是从个体、组织与区域视角分别研究人力资本的测量方法；第二部分基于我国省域数据，利用 TOPSIS 方法对我国高等职业教育发展水平时空测度方法进行研究，包括完全信息下的测度方法与不完全信息下的测度方法；第三部分基于结构方程模型和截面数据回归模型，分别研究人力资本、高等职业教育与经济增长的关系与相互作用；第四部分基于研究结果对我国高等职业教育与地区经济协同发展的策略进行分析。

二、研究思路与技术路线

主要包括个体、组织与地区人力资本测量方法研究，我国高等职业教育发展水平测评与对比分析，基于结构方程模型的人力资本、高等职业教育与地区经济增长实证分析，基于结构方程模型的人力资本、高等职业教育与区域经济差异实证分析，我国高等职业教育与区域经济协调发展的政策建议与保障措施五部分研究内容，其间联系紧密、依赖性强。因此，本书研究拟采用如图1.1所示的技术路线。

区域人力资本测量和高等职业教育发展水平测评是分析人力资本、高等职业教育和区域经济增长三者关系的前提与基础，但是目前研究中关于这两部分的测量方法还不够成熟，同时，缺少在不完全信息下的测量手段。因此，需要研究的是区域人力资本测量和高等职业教育发展水平测评的方法，进而，采用结构方程模型、面板回归模型和匹配度模型等模型对人力资本、高等职业教育和区域经济增长的关系进行实证分析。

三、研究方法

本书采用的研究方法主要包括：

（一）文献调查法

根据所研究的问题核心，提取关键词，查阅相关国内外文献，确定本书研究内容与研究方法。

（二）文献调研与访谈法

依据建立的人力资本全过程测度模型，通过文献调研方法，采集不同地区的人力资本、高等职业教育和地区经济等数据。通过问卷调查法和面对面访谈方式，识别并确定人力资本水平的影响因素，选择指标进行统计分析。

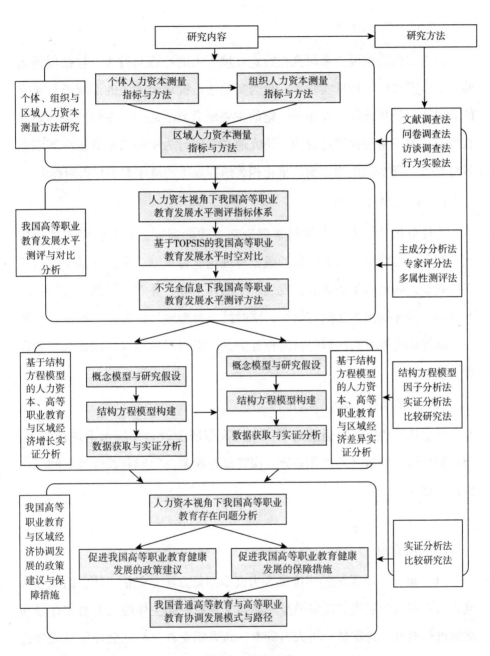

图 1.1 技术路线

（三）行为实验法

行为实验法主要用来研究在特定环境下人的心理与行为，包括现场实验、实验室实验、情景实验等。行为实验法是针对包含人的系统进行研究的方法，也是目前国内外相关问题的主要研究方法之一。在识别高等职业教育发展测评指标构建过程中，研究通过采用行为实验法来分析高等职业教育对人力资本产生的影响，量化相关指标发生的概率大小与影响程度。

（四）实证分析法

实证分析法依据现有的科学理论和实践的需要，提出假设与理论模型，利用现实数据，验证所提的假设与理论能否成立。通过文献与调研获得的数据，确定高等职业教育发展水平测评指标，并对不同地区进行比较与分析，验证提出方法的有效性，同时结合典型地区的数据，揭示人力资本、高等职业教育与区域经济的相互关系，提出对应建议，以促进三者良性持续发展。

（五）比较研究法

依据比较研究法，通过对不同地区高等职业教育发展水平进行调查、测评和比较，分析其共性和差异，探究提升我国高等职业教育水平的具体措施与建议。

四、创新点

（1）提出一个系统的多维度人力资本测量方法，包括个体、组织和区域人力资本三个层次的测量模型，能够实现对不同主体的人力资本存量和增量进行测度，为定量分析人力资本、高等职业教育与社会经济发展研究提供基础。

（2）构建人力资本视角下的我国高等职业教育发展水平测评指标体

系，提出在完全信息下和不完全信息下基于 TOPSIS 的高等职业教育发展水平测评方法，采用我国省级数据对我国高等职业教育发展水平进行时空对比与分析，研究普通教育与高等职业教育协调发展模式，提出有针对性的政策建议及措施。

（3）借鉴柯布-道格拉斯生产函数以及内生经济增长理论的人力资本外部性模型，建立针对人力资本存量、高等职业教育投入与经济增长关系的结构方程模型，建立人力资本差异、高等职业教育差异和经济增长差异的结构方程模型和匹配回归模型，进行实证分析，说明高等职业教育投资差异对人力资本提升和经济增长变化的影响。

（4）从人力资本的视角，运用人力资本理论、劳动价值理论和劳动社会学理论等，剖析教育对人力资本和劳动价值形成的作用机理，明确普通高等教育、高等职业教育与劳动市场演变的相互关系，提出我国普通高等教育与高等职业教育协调发展模式与发展路径，给出促进我国高等职业教育健康发展的政策建议与保障措施。

第三节　内容结构

本书共计十章。第一章，主要介绍研究背景和意义、研究思路与方法以及主要创新点；第二章，国内外相关研究综述和相关基础理论；第三章，在对我国高等职业教育进行概况的基础上，利用系统耦合模型对我国高等职业教育与经济发展水平的匹配度进行分析；第四章，分别构建了个体、组织与区域人力资本测量方法；第五章，采用 TOPSIS 的方法对我国高等职业教育发展水平进行了时空对比研究；第六章，构建了不完全信息下我国高等职业教育发展水平测评方法；第七章，采用结构方程模型对人力资本、高等职业教育与地区经济增长进行了实证分析；第八章，是基于结构方程模型和截面板数据回归模型的人力资本、高等职业教育对区域经济差异及匹配度进行了实证研究；第九章，提出了我国高等职业教育与区域经济协调发展的相关政策与保障措施建议；第十章，结论与展望。

第二章

研究综述与相关理论

第一节　国内外相关研究综述

研究的展开依赖于对现有相关文献的阅读、总结和评述。为了了解学术前沿，确定研究起点，选择从国内外高等职业教育发展现状、人力资本测量、高等职业教育发展测评和教育、人力资本与经济发展四个方面对当前相关研究进展进行梳理与分析。

一、国内外高等职业教育发展现状

高等职业教育作为我国教育体系的一个重要组成部分，有着重要地位。2015 年习近平总书记在全国职业教育工作会议上发表讲话并表明职业教育的重要性。改革开放 40 多年来，我国的高等职业教育事业有了长足的进步，为我国的经济腾飞培养了一大批从事生产和管理第一线专业人才，做出了巨大贡献。但从总体来看，当前我国高等职业教育仍有许多问题亟待解决（范其伟，2014；陈金秀，2014；王玲和王森，2015；万伟平等，2021；徐晔，2021）：第一，经费投入不充足，期望现实落差大。经费不足制约了高职教育的发展，抑制了高职教育目标的实现，影响培养效果。第二，观念偏差。随着市场经济的发展，人们普遍不愿选择高等职业教育。第三，教育模式有待完善。目前一些高等职业院校在专业培养计划中仍采用学科本位课程体系和课堂讲解形式，未与社会实际情况相结合。第四，与行业、企业互利共生的关系尚未真正形成，高等职业教育的经济功能和社会功能比较弱，高等职业院校与行业、企业缺乏良性互动和互利共生的运行机制。第五，高等职业院校毕业生就业率逐年下降，就业难的问题日渐突出。

国外发达国家已经形成了比较成熟的职业教育发展模式，德国、加拿大、澳大利亚和新加坡的职业教育经验值得我们借鉴。

（一）德国的"双元制"职业教育模式

德国整个职业教育的培训过程是在职业学校、企业和国家的分工协作中进行的，以职业学校为基础，企业培训为骨干，职业学校中的理论教学与企业中的实践锻炼密切结合，主要培养专业技术工人。德国的职业教育实践证明，这种方法是非常有效的，它为德国经济的发展做出了巨大的贡献（徐佳丽，2014）。Paulus 等人（2011）认为德国职业教育的关键是基于竞争力提升的德国职业教育课程体系。Barabasch 和 Watt-Malcolm（2013）指出在德国的职业教育体系中，政府立法界定了公司、工会和职业学校的法律地位，规定了学生和职业教师的权责范围。Miesera 和 Gebhardt（2018）比较了德国的职业教育与加拿大职业教育的差异，指出加拿大职业教育面临的挑战，建议加拿大职业教育采用德国职业义务教育体系。通过对比加拿大和德国职业教育教师对职业义务教育的态度、自我效能感和经验，提出了德国和加拿大推行职业义务教育对教师的新要求。Jin 和 Christin

（2020）在研究韩国职业教育体系时，从德国职业教育体系投资环节中受到了启发，发现德国的"双元制"职业教育允许劳动力作为生产活动和企业未来发展的投资要素，极大地提升了德国企业积极参与职业教育过程的积极性和参与度。Haasler（2020）认为德国的"双元制"职业教育模式非常强大，然而其主导地位正在受到其他培训模式的挑战，他研究了"双元制"职业教育模式重构的影响过程，发现校园内的培养方案正在逐渐改善，影响到了"双元制"职业教育的性别比例变化以及德国劳动市场里的性别差异。Elbers 等人（2021）绘制了从 1970 年至 2010 年间法国和德国职业教育联系的变化图，发现 1970 年的德国职业教育系统在将毕业生分配到特定职业方面的平均效率并不比法国高，表明 20 世纪 70 年代法国和德国之间的职业教育差异比之前假设的要小，部分原因是在早期分析中忽略了女性劳动力。

（二）加拿大的 CBE（Competence-Based Education）模式

CBE 是能力本位的教育模式，该模式先从职业岗位的需要出发，确定能力目标（Misbah et al., 2015），然后由学校组织相关教学人员，以这些能力为目标，设置课程、组织教学内容，最后考核是否达到这些能力要求。这种模式从职业岗位的需要出发，能够充分考虑行业和企业的建议，因而培养出来的学生深受企业欢迎，对学生也极具吸引力，是各国纷纷效仿的一种职业教育模式。实际上，现在加拿大多数社区学院实行的是 CBE 与 OBE（Outcomes-Based Education）相结合的模式。Malone 和 Supri（2012）指出加拿大职业教育体系采用的能力本位模式对加拿大的社会发展起到了重要作用，但这种模式也存在一些问题，应该加以改进。Pullman（2015）认为从 1960 年到 1990 年是加拿大职业教育发展的关键时期，建议运用南希·弗雷泽的三重运动理论，对社会运动、市场化和社会保护这三种政治力量塑造职业教育和培训的过程进行了评估改进。Larouche 等人（2016）采用改进的 Delphi 专家共识法，设计了一个基于能力本位的脊柱外科奖学金课程学习目标设定方法，为加拿大医疗职业教育的发展提供了改进意见。Holmboe 等人（2017）认为人们对加拿大基于能力的医学教育（CBME）越来越感兴趣，将其作为帮助缅甸改革医学教育的一种方法，在现有能力框架中纳入可委托的专业活动，说明了 CBME 的动态演变，CBME 不应被视为一个固定的理论，而应被视为一套不断演变的概念、原则、工具和方法。Probyn 等人（2021）基于能力本位的医疗教育模式，对加拿大放射诊断专业的研究生职前教育培训进行了分析。Kwan 等人（2021）基于加拿大皇家医师和外科医生学院的资源，指导加拿大女王大学构建一个CanMEDS 课程框架体系，识别基于能力的 CBME 这一模式在转变过程中面临的挑战，制定应对策略。

（三）澳大利亚的 TAFE（Technical and Further Education）模式

TAFE 模式核心内容是模块式的课程体系下的模块式教学，它结合了澳大利亚本国的实际，采取了以学校教育为主，扎根企业，以全国通用的职业资格证书形式把二者紧密地结合在一起的一种独具特色的职业教育方式（Acquaha & Malpassa，2015）。Patterson（1994）指出澳大利亚的 TAFE职业教育模式能够为整个国家提供技术性人才，这也是促使澳大利亚社会经济持续发展的重要因素。Brownlee 等人（2008）发现虽然认识论信念在澳大利亚高等教育中得到很好的应用，但在其 TAFE 职业教育体系中的研究较少，以 17 个儿童护理专业的学生为对象，研究了认识论信念在 TAFE职业教育过程中的影响。Khan 和 Markauskaite（2018）以澳大利亚 23 位从事职业教育的教师为对象，采用半结构化多轮访谈的方式分析了信息与通信技术对 TAFE 职业教育模式的影响，进而提出了改进建议与措施。

Akhter 等人（2021）通过匿名在线问卷的方式，对澳大利亚采用 TAFE 模式的三个学校进行了调研，结果发现，高仿真情境模拟对护理专业的职业教育过程具有重要作用。Rice 等人（2021）以 304 位学生为对象，研究了澳大利亚 TAFE 教育系统中学生心理压力的情况，识别出了学生心理压力、情绪集中应对和学业成就之间的关系，发现 TAFE 教育系统中的学生具有更强的心理承受压力。

（四）新加坡特色的职业教育

新加坡经济迅猛发展最主要的原因就是政府非常重视发展职业教育。在发展职业教育的过程中，新加坡兼容并蓄、博采众长，立足本国、蓄意创新，重视人力资源的开发，从而使国家得以迅速崛起。新加坡职业教育发展的特色以及成功经验，包括政府扶持，注重实践性和超前性，突出"双师型"的教师队伍建设，鼓励师资国际化，加强学生创新与创业能力的培养。Sakellariou（2006）采用分位数回归方法研究了新加坡普通教育与职业技术教育的优势，发现新加坡的职业教育体系为具有中等职业资格的妇女提供了优质的服务。Chong（2014）概述了新加坡的高等职业教育情况后认为，在全球化和跨国公司占主导的时代，提升劳动力的素质和技能不仅至关重要，而且新加坡政府是实现自治并实现成功经验的试金石。职业教育对新加坡独立后的高速发展具有重要作用。Abu Bakar（2020）通过追溯新加坡的职业技术教育与培训过程，分析了知识、技能、习惯和课程框架之间的关系，指出职业技术教育与培训一直是新加坡推动建立工业化劳动力队伍的支柱。

二、人力资本测量的研究进展

在中国古代"周易"产生的时期，系统的教化思想已经形成。《周易·黄贲·象传》曰:"贲,亨,柔来而文刚,故亨;分刚上而文柔,故小利有攸往。刚柔交错,天文也。文明以止,人文也。观乎天文,以察时变;观乎人文,以化成天下。"

春秋战国时期,齐国以人为本,章道以教,社会经济繁荣。《管子·霸言》说道:"夫霸王之所始也,以人为本。本理则国固,本乱则国危。故上明则下敬,政平则人安,士教和则兵胜敌,使能则百事理,亲仁则上不危,任贤则诸侯服。"《管子·宙合》曰:"章道以教,明法以期,民之兴善也如此。"

人力资本,以轻重量之。

古希腊时期,柏拉图就曾提出教育和训练具有经济价值的思想。英国政治经济学家威廉·配第也说过:"土地是财富之母,劳动是财富之父。"亚当·斯密在 1776 年出版的《国富论》中提出人力资本概念。20 世纪 50 年代,现代人力资本思想应运而生。1960 年时任美国经济学会主席舒尔茨正式提出了人力资本理论(Schultz,1963),从此无数经济学家致力于人力资本研究,为人力资本经济学的发展做出了卓越的贡献。比较典型的包括贝克尔提出的"人力资本投资收入效应理论",卢卡斯建立的"专业化人力资本积累模型",明塞尔提出的人力资本方程模型,罗默建立的"内生技术变化模型"等(Romer,1990),为后人的研究奠定了坚实的基础。

人力资本测量是人力资本理论发展到一定程度的难点。综观目前国内外的文献资料,人力资本测量方法可从多个角度进行分类,如货币测量和非货币测量、个体测量和群体测量、成本测量和价值测量、投入测量和产出测量、精确测量和模糊测量等(Lauder,2015)。传统的测量方法包括历史成本法、重置成本法、机会成本法、未来工资报酬折现法、随机报酬法、教育存量法等。这些测量方法都有一定的优势,但难免存在一些局限性(Romer,1990;Lauder,2015)。例如,历史成本法局限于假定人力资源的增值和摊销与其实际能力有直接联系，但没考虑社会投入部分；重置成本法脱离传统会计模式，带有较强的主观性；机会成本法核算工作量比较大，计算结果不够准确；未来工资报酬折现法难以测定人力资源离职概率；随机报酬法忽略了其他资产对组织受益的影响；教育存量法忽略了健康资本等其他因素，无法计算知识的积累效应。

针对传统人力资本测量方法的局限性，近些年国内外学者开展了一系列探讨。樊培银和徐凤霞（2002）提出了调整后的完全价值法，即人力资源价值＝人力资源的补偿价值＋利润中属于人力资源的部分，并在该测量模型的基础上进行修正与调整，使其既适用于个体价值的确定，又可以汇总计算出群体价值。Phillips（2005）在对人力资本测量时首先采用了投资回报率法（ROI），该方法先对人力资本进行投资，再以 ROI 为指导原则，通过计算投资回报率来衡量人力资本价值。朱明秀和吴中春（2006）提出了一种基于逆向评估法的人力资本测量，指出了人力资本个体价值的测量应建立在人力资本整体价值测量的基础之上，而人力资本整体价值的测量则必须建立在企业价值评估的基础之上。Lockwood（2006）提出了用关键绩效指标来显示人力资本的价值。关键绩效指标可以体现出人们在物质资本的基础上，展现出来的对公司有用的价值；欧阳军（2007）提出了以剩余收益作为核算人力资本价值的测量方法，他将经济增加值作为剩余收益的近似值。Pantzalis 和 Park（2009）在研究了公司股票市场价值是否以及如何影响员工协作技能与效率的基础上，提出群体人力资本测量法。刘勇等人（2010）将组织层面人力资本分为人力资本数量、人力资本与组织匹配度、人力资本互补性以及人力资本专用性四个维度，并提出对这四个维度的测量指标及指标的问题进行描述分析。Han 等人（2014）认为团队人力资本的多样性对团队创造社会资本的能力具有重要影响，并采用 36 个 MBA 团队进行了验证。董克用和薛在兴（2014）通过实例分析得出：人力资本积累对其就业有着显著的影响。知名院校毕业生的就业质量高于非知名院校毕业生，但前者的就业率则低于后者。Goebel（2015）采用市价与账面比值、托宾 Q 值与长期价值、长期价值与账面比值三种方法测量了德国 4488 个公司的人力资本价值，发现长期价值与账面比值最能反映公司人力资本。Vidotto 等人（2017）通过对现有关于人力资本测量方面的文献进行了分析，从能力、态度、技能、领导力和组织记忆等方面制定了一个全面的人力资本测量量表。李晓曼等人（2019）指出了最新人力资本理论的相关研究主要以能力为核心，从个体生命周期视角总结了认知能力与非认知能力的测量方法。Koziol 和 Mikos（2020）对现有人力资本测量方法的不足进行了分析，提出了一种新的人力资本测量方法，可以作为改进组织薪酬体系评价的依据。梁阜等人（2020）认为企业处于不同发展阶段，人力资本异质性影响着企业绩效，以中国科技企业为对象，运用回归分析等方法验证了企业不同生命周期阶段人力资本的配置差异性。闵晨等人（2021）基于农村一、二、三产融合特点，从人力资源配置、资本投资和资本质量三个维度构建出农村三产融合背景下人力资本评价指标体系，为农村人力资本测量提供了依据。

从以上研究可以发现，现有研究提出了越来越多的人力资本测量指标，也对影响人力资本价值的因素进行了越来越多的分析，这是因为随着社会经济的发展变化，能够体现人力资本价值的具体指标也发生了较大变化。但是当前人力资本的测量对象多是聚焦于个体，对组织人力资本和区域人力资本的测量方法研究得还比较少。很明显，组织和区域人力资本并不是组织内或区域内个体人力资本的简单相加。为了从宏观层面研究人力资本、高等职业教育和社会经济发展的关系，需要构建出组织人力资本测量方法和区域人力资本测量方法。基于此，研究应在现有学术前沿的基础上，提出组织人力资本测量模型和区域人力资本测量模型，探究在不同时间空间下人力资本、高等职业教育与社会经济发展的关系。

三、高等职业教育发展测评的研究进展

高等职业教育发展水平决定了学生人力资本的形成，进而改变社会劳动结构，最终会影响到社会经济的发展，因此，国内外都对高等职业教育的发展非常重视。然而，如何评价一个国家或地区高等职业教育发展水平的高低呢？Grubb 和 Ryan（1999）在介绍高等职业教育与培训的基础上，引出了为什么要对高等职业教育进行测评，进而提出了一套评价指标、测度程序与方法，并结合实际数据进行分析。顾红和聂云（2005）结合高等职业教育评估工作的特点，对高等职业教育评价指标体系的构建原则进行了分析。Roger 等人（2006）验证了由私人注册培训机构（Private Registered Training Organisations，PRTO）提供的职业培训活动对澳大利亚学生的影响，结果发现，在 2003 年参加 PRTO 培训的学生有明显的增长。陈华宁和姜楠（2008）在构建农民职业教育评价体系的基础上，从教育对象、教育条件和教育效果三个维度，重点进行了区域差异的比较，对我国农民职业教育进行了科学、客观、完整的评价和分析。姚爱国（2011）分析了政府对高等职业教育评估的权威性问题，对我国高等职业教育评估体系提出政策建议。Sturing 等人（2011）认为现有的基于综合竞争力的高等职业教育模型（Comprehensive Competence-Based Vocational Education，CCBVE）主要针对的是高等职业教育发展程度而进行的定性评判，为深入研究，提出了一种基于竞争性的定量评价方法。杨彩菊和周志刚（2012）阐述了第四代人力资本评价理论方法，结合当前高等职业教育评价的现状，对评价主体间的关系、如何协调评价主体间利益冲突、评价方法和评价导向等方面做了深刻的探索和思考。Jacobs 和 Wet（2014）提出了一种两阶段评价方法，用于评价高等职

业教育导向计划（Vocational Education Orientation Programme，VEOP）的效果，其中包括个体评价模块和整体计划评价模块，从评价结果中可识别出VEOP 计划实施过程中存在的一些问题。徐兰（2015）从事前协调、事中控制以及事后反馈三方面，探讨了第三方参与机制在高等职业教育中的评价问题。金荣学等人（2017）从教育经费、基础设施、师资水平和学生质量四个方面构建了一个高等职业教育绩效评价指标体系，并用层次分析法和熵权法对湖北省高等职业教育绩效进行评价。Kalma 和 Preisser（2017）对高等职业教育评价进行了分析，主要从德国评估标准 DeGEval 的工作团队中得到了关于高等职业教育评价的一些启示。Hou 等人（2018）基于胜任力理论和大数据挖掘方法，提出了一个高等职业教育效果评价方法。Xiao 和 Yi（2020）引入机器学习方法，提出了一个实用有效的高等职业教育多维评价指标体系，能够基于大规模数据对高等职业教育发展水平进行评价。魏志荣（2021）以江西外语外贸职业学院的 186 名商务英语专业学生为对象，对当前高等职业教育英语教学评价制度进行了分析，发现存在的问题并提出相应的改进建议。

当前一些学者虽然对高等职业教育发展测评进行了研究，但主要是从教学模式、教学对象、教学条件和教学效果等定性角度进行分析相关问题的，缺少从人力资本角度考虑的高等职业教育发展水平评价指标体系和定量测评方法，也就是说，当前关于高等职业教育评价的研究没有考虑对学生人力资本培养这一要素。由于高等职业教育水平测量的复杂性和不确定性，一些评价指标数据往往出现不能精准处理模糊值或区间值的情形，也往往把相关数据进行删除或者进行简单估算。

基于以上这些问题，研究在对人力资本与高等职业教育关系进行实证的基础上，采用对人力资本显著性高的高等职业教育发展指标，构建人力资本视角下的我国高等职业教育发展水平测评指标体系，提出完全信息下和不完全信息下基于 TOPSIS（Technique for Order Preference by Similarity to Ideal Solution）的高等职业教育发展水平测评方法，采用我国省级数据对我国高等职业教育发展水平进行时空对比与分析，为普通高等教育与高等职业教育协调发展，提出有针对性的政策措施。

四、教育、人力资本与经济发展的研究进展

人力资本形成的主要方式是教育，教育通过人力资本推动经济增长。高等教育、人力资本和经济发展构成密切的相互促进关系。现有文献对这三者关系进行了比较深入系统的研究。

（一）高等教育与人力资本方面的研究

Tom 和 Sylvain（2001）在他们关于人力资本、教育和技能关系的一个报告里，分析了教育在人力资本形成过程中的作用，同时也分析了人力资本对居民收入、生活满意度和社会的影响。张贞齐和孙林岩（2002）认为高等教育是人力资本开发的关键所在，指出当时我国高等教育的规模是偏低的，应该扩大教育规模、实行大众化教育。Currie 和 Moretti（2003）收集了 1970 年至 1999 年新生婴儿亲子教育数据，分析了家庭教育对人力资本在两代人之间的遗传情况，发现母亲的教育程度不但对孩子的健康生活产生影响，而且对孩子未来的人力资本形成也产生着显著影响。曲大成和杜会杰（2005）提出高等教育投入产出的实质是人力资本投资过程，同时指出我国要确定高等教育的主体地位和建立起完善的高等教育成本分担理论。Volery 等人（2013）收集了 494 位参加企业家精神教育项目的学生数据，采用准实验设计的方法研究了企业家精神对人力资本的影响，发现个人品质（例如自治性和风险偏好）对企业家精神的形成具有显著正面影响，企业家精神教育对人力资本的形成有一定的正面影响。Schündeln 和

Playforth（2014）调查了政府部门雇员教育的私人和社会收益之间的差异是否可以促进关于教育和成长的"宏微观悖论"的现象，得到的结果是，高等教育回报率在微观层面和宏观层面的教育增长出现小的或负的回归系数。Wantchekon 等人（2015）研究了教育与人力资本外部效应，实证研究表明，可以从教育对毕业生生活水平、职业和政治参与等情况的影响来反映。Dutt 和 Veneziani（2019）提出了一个基于马克思经典增长与分配的模型，分析了教育与人力资本的关系，发现教育能将低技能工人转化为高技能工人，高技能工人储蓄并持有资本，从而获得高技能工资和利润收入。李良华等人（2020）分析了人力资本积累、高等教育发展与经济结构转型三者的理论逻辑关系，说明高等教育能够通过提升人力资本积累而促进经济结构的优化。刘灿雷和高超（2021）构建了一个双重差分计量模型，研究 1999 年我国高等教育扩招对人力资本供给带来的影响，发现高等教育扩招带来的人力资本供给增加对我国人力资本的提升有着显著影响。

（二）人力资本与经济发展方面的研究

内生经济增长理论（又称"新经济增长理论"），主要论述的是人力资本与经济发展之间的关系。具有较早代表性的内生经济增长理论模型主要有阿罗"干中学"模型、宇泽两部门模型、罗默内生技术进步模型和卢卡斯内生人力资本模型（Klenow & Rodriguez-Clare, 1997）。随着内生经济增长理论的发展，20 世纪 90 年代以来，经济学者不断构建新的人力资本理论模型，例如曼昆、罗默和威尔的 MRW（Mankiw-Romer-Weil model）模型和巴罗的三部门内生经济增长模型，加大了人力资本对经济发展效应的实证分析（Acemoglu, 2012），许多学者采用不同方法从不同角度研究了人力资本与经济发展的关系。Evans 等人（2002）收集了 82 个国家 21 年的数据，采用一个超对数生产函数模型，分析了人力资本与金融发展对经济增长的贡献，其中考虑的人力资本包括体力劳动资本和内生人力资本，数据验证了人力资本和金融发展对经济发展都具有显著影响。邵宜航（2005）将其导入内生性政府部门，建立了具有一般性的混合经济内生经济增长模型，以探讨混合经济中的政府最优政策选择。分析表明：不论公办教育体制还是民办教育体制，政府可以通过适当的政策选择引导经济达到社会性最优增长状态。Ram（2007）把智商指数引入 MRW 模型中，并采用数据验证了智商指数变量的引入能够减弱教育和健康等人力资本参数对经济发展水平影响的显著性。Vinod 和 Kaushik（2007）收集了 18 个发展中国家的数据，验证了通过教育形成的人力资本对经济发展的影响。刘瑛和熊先承（2013）发现江西省人力资本的弹性系数为 0.38，且人力资本的投入与经济增长之间互为格兰杰因果关系。周少甫等人（2013）根据两部门经济增长模型，以 1995—2009 年中国省级数据为对象，运用分位数回归的方法考察人力资本、产业结构对中国经济增长的影响。Hanushek（2013）同样分析了人力资本对发展中国家经济增长的影响，与其他文献不同，他把认知技能也考虑到了人力资本测量中，得出的结论是，如果不提高教育质量，发展中国家难以产生持续的经济发展。胡玉芳等人（2014）以卢卡斯模型为理论依据，采用协整分析，研究了经济增长与人力资本的关系，结果发现，江西省 11 区市人力资本投入对经济增长的贡献率为 20%~40%。Azam 和 Ahmed（2015）收集了 10 个国家或地区的数据，通过检验人力资本和对外直接投资对经济发展的影响，验证了内生经济增长模型有效。Diebolt 和 Hippe（2019）认为人力资本是创新与经济发展的一个重要因素，但是现有研究缺少区域层面的证据，他们利用欧洲数据验证了区域人力资本对区域创新与经济增长的正向影响。江静和许士道（2021）利用我国 2003 年到 2018 年的全国 30 个省（自治区、直辖市）的数据分析了研究生人力资本与经济增长的关系，发现研究生人力资本对经济增长有明显的正向促进作用，提出要着重解决研究生人力资本与创新驱动的协调机制。Perez-Alvarez 和 Strulik（2021）构建了一个动态一般均衡模型，分析了裙带关系、人力资本与经济发展的关系，发现裙带关系和人力资本存在着负相关关系。

总之，近几年的研究除了少数对经典内生经济增长模型进行扩展外，多数是从不同角度利用不同区域或时间的数据对教育、人力资本和经济发展之间的关系进行实证研究的。这些研究进一步验证了教育对人力资本形成有重要作用或者人力资本对经济发展具有促进作用。但当前研究中缺少对高等职业教育在人力资本形成与社会经济发展中特定影响的研究。

五、当前研究存在的不足

根据我国高等职业教育发展状况分析，发现目前研究存在以下四个不足：

（1）缺少相对完善的组织和区域人力资本度量方法。早期投入成本度量法，虽然计算简单，但度量的并不是现实存量。现代收入和受教育水平度量法，由于数据、口径和理论基础的不同，各种方法不具备直接可比性，难以为我国所用。当前人力资本的测量对象多是聚焦于个体，对组织人力资本和区域人力资本的测量方法研究得还比较少。为了从宏观层面研究人力资本、高等职业教育和社会经济发展的关系，需要构建出组织人力资本测量方法和区域人力资本测量方法。本书在现有研究基础上，提出组织人力资本测量模型和区域人力资本测量模型，为不同时间空间下高等职业教育、人力资本与社会经济发展的关系研究提供基础和前提。

（2）缺少从人力资本角度考虑的高等职业教育发展水平评价指标体系和定量测评方法。由于高等职业教育水平测量的复杂性和不确定性，当前还没有较成熟的测评指标体系和测量方法，而目前研究没有关注在不完全信息下高等职业教育发展水平评价的问题。研究在对人力资本与高等职业教育关系进行实证的基础上，采用对人力资本显著性高的高等职业教育发展指标，构建人力资本视角下的我国高等职业教育发展水平评价指标体系，进而提出完全信息下和不完全信息下基于 TOPSIS 的高等职业教育发展水平测评方法。

（3）难以衡量高等职业教育对人力资本和社会经济发展的贡献。由于高等职业教育对人力资本和社会经济发展促进作用的隐含性，目前还比较缺少从定量角度研究人力资本、高等职业教育与社会经济发展之间的关系的文献。高等职业教育与普通高等教育和普及教育的教学模式和目标都不相同，因此对学生人力资本的培养与形成也可能不同，进而对社会劳动市场结构的形成与影响也不同，最终导致对社会经济发展的影响也不同。本文采用结构方程模型等，结合我国省域数据，对高等职业教育、人力资本与社会经济发展的关系进行实证研究。

（4）缺少相对比较成熟的普通高校和高等职业院校协调发展模式。由于传统观念、评价机制和社会认可度方面存在问题，目前我国教育体系存在"重学历、轻能力"的问题，尚未形成比较成熟的普通高校和高等职业院校协调发展的模式，同时缺少从劳动价值和社会劳动市场形成角度，对普通高等教育与高等职业教育协调发展问题进行分析和探讨。研究从一个较长的时间维度上思考普通高等教育、高等职业教育与人力资本的关系，从劳动分工到知识分工演化中分析普通高等教育和高等职业教育对人力资本形成的影响，进而提出我国普通高等教育与高等职业教育协调发展模式与发展路径。

第二节 相关基础理论

一、人力资本理论

人力资本理论的概念最初来自政治经济学的基础研究。美国著名的社会经济学家舒尔茨和贝克尔在 20 世纪 60 年代初期提出并创建了人力资本理论，该理论认为资本不仅包含物质资本，而且还包括人力资本。人力资本主要指的是一种直接体现于人身上的资本，即生产者进行技术教育、职业培训和保健等各种费用，以及在接受教育时的各种社会性费用的人力资金支出总和，表现为蕴含于人身上的各种专业生产知识、劳动健康管理的各种基础专业技能以及所有保障其健康管理素质的各种储蓄性成本的资金支出总和（胡旸，2021）。人力资本理论在传统资本理论的基础上进行研究，突破了传统理论中资本只是物质资本的观点，将资本详细地划分出来称为"物质资本"和"人力资本"，这样就能够以全新的观点出发，深入地研究人力资本在经济增长中可能会出现的各种问题。

20 世纪 80 年代以后，以知识经济发展为背景，在信息论的基础上，许多经济学家采用严谨的数学分析方法，对新时代的人力资本理论进行了许多方面的拓展。研究发现，一个国家的社会和经济发展，各地区在人力资本投资和国民收入的比重相当时，人力资本促进经济增长的幅度明显超过了物质资本。孙敬水和于思源（2014）利用 Mincer 收入模型与 Shorrocks 回归分解法分析了物质资本、人力资本和政治资本对我国农村居民收入不平等的影响，2852 份农户问卷数据发现三大资本对农户人均年收入都具有显著的正向影响，而人力资本是导致农村居民收入不平等的最大因素。刘林等人（2016）利用面板分数回归等方法分析了物质资本、人力资本和社会资本对少数民族农户收入差距的影响，发现人力资本的差异性是拉大少数民族收入差距的主要原因。Liu 等人（2019）利用中国统计年鉴的居民面板数据分析了自然禀赋、人力资本、物质资本与社会资本对收入不平等的影响，也发现人力资本是这些因素中最重要的因素。

当然，人力资本也是可以提升的。提升人力资本的途径有很多种，其中最重要、最核心的就是教育投资。提升人力资本，主要通过自身知识、技术和健康水平的职业培训、卫生保健等方式，但是教育投资仍然是人力投资的主干。才国伟和刘剑雄（2014）建立了一个教育投资的世代交叠模型，基于 OECD 跨国数据，验证了政府公共教育投资能够促进人力资本水平的提高，认为我国人力资本与劳动报酬匹配程度有待提高，需要进一步加大公共教育投资，以提高我国人力资本水平。钱雪亚等人（2014）构建了一个随机前沿教育生产函数模型，分析了公共教育投入和私人教育投入对人力资本积累效率的影响，2007—2011 年省级面板数据验证了这两种教育投入都对人力资本积累具有显著的正向影响。赵建国和周德水（2019）利用中国 2016 年流动人口数据，分析了教育人力资本对新生代农民工职业选择的影响与作用机理，发现互联网的使用是教育人力资本影响新生代农民工职业选择的作用途径。

人力资本理论探讨的就是教育对于经济增长的贡献作用，同时，它也让人们看到教育对个人以及整个社会发展的正向作用。该理论的提出大大地促进了人们对教育和经济之间关系的思考，推动了教育经济思潮的发展。该理论认为通过教育可以提高劳动者的技术和能力，能够使得劳动者在就业市场上的收入和待遇进一步提高，对整个社会而言，社会的经济发展水平、生产力水平自然而然就提高了。因此，人力资本的重复再生产并非单纯的社会消费，而应该更多地将其看作一种社会投资，且这种社会投资所带来的巨大社会经济效益远远超过了其他物质性的投资所带来的社会经济效益。

教育虽然是影响经济发展的重要因素，但是其不是唯一的影响因素，人力资本理论过分强调教育与经济之间的关系，可能忽视其他经济增长因素，这意味着教育对经济发展的作用很难精准量化。这是由于教育性的投资和物质资本的投资有着本质上的区别，物质资本投资可以通过严谨的数理分析计算出相应的边际效益，然而教育投资带来的收益有一些是显性的，如能力、工资水平等，也有一些是隐性的，如情感、态度、价值观等。这样就导致，我们无法准确地了解教育投资究竟给我们带来了什么。

目前，我国许多学者也就针对当前我国人力资本与经济增长之间的相互影响问题进行了一系列的研究。杜伟等人（2014）以我国 2002—2010 年各省面板数据为对象，分析了人力资本对经济增长的作用机理，发现人力资本主要通过技术创新、技术模仿间接作用于经济增长。刘智勇等人（2018）提出了一个考虑各层次人力资本相对变化的人力资本结构高级化指数，实证数据验证了这一人力资本结构进化指数的差异对我国东中西地区差距的影响，建议我国应该从单纯注重提升人力资本存量转向促进人力资本结构高级化。刘伟和张立元（2020）构建了一个人力资本质量测算公式，进而分析了人力资本质量与经济发展潜能之间的关系，发现人力资本质量水平的跨国差异能够解释人均产出水平跨国差异的绝大部分，并且与发达国家相比中国经济的人力资本质量水平明显落后。通过这些研究发现，当前我国的高等教育发展水平与国内生产总值之间存在着长期的协整关系。高等学历劳动者比重上升，大大推动了我国的经济发展，经济发展的同时，我国同步增加了教育资本的投入，两者相互促进。陈健等人

（2021）提出了一个基于终生收入法的中国城乡人力资本存量测量方法，并以1990年至2018年的数据为样本，揭示了中国城乡人力资本存量差异对城乡经济增长不平衡的影响。

二、内生经济增长理论

内生经济增长理论（Endogenous Growth Theory）认为，经济之所以会长期增长，是因为经济系统内部因素相互作用，而不是外部力量推动的。在众多影响经济增长的因素中，技术进步等经济体中的内生变量是经济增长的决定性因素。其中，获取新的"知识"（包括革新、技术进步、人力资本积累等概念）、刺激新知识在生产中的应用（市场条件、产权、政治稳定以及宏观经济稳定）和提供运用新知识的资源（人力、资本、进口品等）是经济增长的最核心因素。

在经济增长的研究中，为了解决新古典经济增长模型中普遍存在的缺陷，生产率的长期趋势是逐渐递增的，各个国家之间的收入水平正在逐渐扩大，储蓄比率与经济增长率的变动关系比较大，资本并不是一直从富裕的国家流向贫穷的国家等，学者们就提出了内生经济增长理论。关于内生经济增长理论的具体历程和研究进展可以参考一些综述性论文，例如，王劲松（2007）在汇总新古典经济理论面临困境的基础上，综述了开放条件下内生经济增长理论的最新相关研究进展。王双和陈柳钦（2012）阐述了经济增长由古典增长理论到现代增长理论的过程，指出目前经济增长理论处于内生经济增长理论的阶段，对文献中关于内生经济增长理论的相关进展进行概述。闵宏和王罗汉（2017）从理论根源、理论内容和最新进展对内生经济增长理论进行综述，并指出未来内生经济增长理论的发展主要考虑的是生产技术、市场结构和消费者偏好等方面。吴小敏（2020）首先介绍了新古典增长理论，重点分析了内生经济增长理论模型研究的进展，并且分析了国际贸易对经济增长的影响。

一个国家的国民储蓄率、人口增长率以及科学技术的进步都是由经济发展中人们自发的经济活动所直接决定的，同时这些影响因素实际上都是完全可以通过各种政策、措施等来直接加以影响的，且在不同国家经济发展的水平各不相同，因此经济学家们普遍认为除了劳动和资本以外，影响经济发展和增长的其他因素还包括知识和科学技术。这个因素实际上都是在一定程度上内生的，而非如同新古典增长模型那样认为经济持续快速增长依赖于外生的知识和科学技术进步。他们还认为知识和科学技术都可以促使提高投资的收益，使得边际收益递增。在投资刺激知识积累的同时，知识的积累也会反过来促进投资的增加，二者形成一个良性的循环。相关学者也通过实证分析验证了以上这些理论，例如，潘士远和史晋川（2001）将知识异质性和知识吸收能力引入到经典的罗默模型中，给出了一个知识溢出效应的新的概念，进而提出了一个改进的内生经济增长模型，能够明晰出知识与经济增长的相互关系。谭祖谊（2016）指出内生技术进步是经济长期增长的源泉，而人力资本积累是内生技术进步的原动力，中国的重大发展战略的成功实施关键在于人力资本积累与结构的优化，建议政府应增加青年人力资本积累的投资。

在内生经济增长理论中，由于技术进步的外溢性和生产活动的重复性，即使在微观角度上存在一定的边际报酬递减，在另一个宏观角度下也绝对不会存在边际报酬递减，因此资本的边际报酬不变或递增是该理论的基本前提之一。另外，一个国家的技术进步不会毫无理由，而是与该国家的国民收入水平是持平的，通常情况下，国民收入水平越高，技术进步的速度越快。这是因为，人们总是去选择使用低成本或者高质量的新技术，去追求利润最大化，当通过竞争和模仿使得新技术扩散时，利润消失。为了利润最大化，人们再去研发新技术，因此技术进步的内在动力就是对利润的追求，从而，技术进步的内生性也是该理论的基本前提之一。

根据内生经济增长理论的研究与分析，人作为活的资本具有更强的创造性和创新性，所以对人力资本进行投资后提高人力资本存量会进一步促进知识和科学技术的进步，对经济的飞速增长起到积极的促进作用。教育投资是一个国家人力资本和社会投资的重要核心，对高知识、高技能和专业人才的生产率和劳动力价值都有着直接的影响。因而，我们要积极地鼓励和支持教育和技术的投资，通过提高其教育质量、完善基础教育的资源、融合传统学校教育与职业教育等方式，努力提高人力资本存量，提升人的能力和技能，推动科学技术不断进步，并且利用高新技术消减信息不对称，降低生产成本，提高整个社会的生产效率，进而推动国家经济持续增长。

三、劳动价值理论

劳动价值论（Labor Theory of Value）是马克思主义政治经济学的基础之一，马克思及后来的学者在其基础上提出了一系列相关的价值理论。马克思指出："价值是凝结在商品中的无差别的人类劳动。"该理论明确地认为，价值是一种抽象的人类生产劳动，商品价值量的大小是由商品中凝结的一般的、无差别的、抽象的人类生产劳动所决定的，其大小用社会必要劳动时间的多少来衡量。

我们将用来进行交换的劳动产品称为"商品"，而商品之间的交换通常是平等的，因此，商品必须要有计量方法，我们称商品具有"价值"（交换价值）。商品能够进行交换的前提是其对交换者存在有用性，我们称之为"使用价值"。商品的实际使用价值是商品的自然属性，具有不可比较性。

商品的使用价值是商品在某些环境下的客观存在，与其数量的多少没有关系，使用价值不存在真正意义上的创造，人类只能通过改变事物的形态从而引起属性转化。劳动并不是财富的唯一来源，它仅是价值的唯一源泉。

商品的价值（交换价值）通常表现为一种商品体（使用价值）同另一种商品体（使用价值）之间相互交换的数额或比例。商品的价值随着其时间、地点的不同而不断发生变化。商品的使用价值一般可以将其视为交换价值的一种载体，决定其数值大小的因素是个体和社会劳动。一般商品的价值由其生产商品的实际劳动时间来决定，但这并不意味着，一个人越懒，其生产相同产品所需要的时间越长，他所生产的商品的价值量也应该越高，因为这不符合常理。实际上，决定商品价值量的劳动是社会必要劳动时间。

个体单位时间内创造的社会必要劳动时间受其人力资本水平的直接影响，也就是说，人力资本的高低一定程度上决定了单位时间内创造的价值多少，因此，教育可以通过改变个体人力资本水平，进而改变个体创造的价值和取得的收入，这一逻辑是符合马克思的劳动价值理论的。一些学者也对此进行了研究，例如，许光伟（2006）基于马克思劳动价值理论，从企业视角剖析了人力资本、企业家与价值决定之间的逻辑关系，得出了人力资本对企业家价值创造的作用过程。薛韬（2009）指出风险投资活动中的人力资本投入实际上是一种脑力劳动投入，论证了人力资本的价值实现是马克思劳动价值理论的继承与发展，二者是完全一致的。白永秀和刘盼（2020）探讨了信息时代下人工智能对劳动创造价值过程的影响，对马克思劳动价值理论进行了新的再认识。徐彦秋（2021）指出在新的时代背景下需要注重马克思劳动价值理论的包容性、历史性和现代性，需要对创造价值的劳动和生产要素进行重新界定。

商品实际上是其使用价值与价值相结合的统一体。马克思认为，当物品不是以劳动作为主要的中介却对人类来说有用时，物品本身就只拥有使用价值而不具备价值，例如空气、森林、草原等。这些天然物对人类来说是不可或缺的，但其不是通过社会劳动生产而来的，不具有价值。当劳动者们能够通过自己的劳务活动方式来生产出满足自己需求的物质或服务时，他们所生产出来的东西虽然都具有其实际的使用价值，但也不能认为它们是一种商品，因为只有同时具备使用价值和价值的物品才是商品。

劳动价值理论的提出，确立了劳动者在劳动中的主导和核心地位，即只有劳动者的劳动才能够创造价值；也确立了科学技术在劳动和劳动关系中的作用和价值，即商品的价值量是由社会必要劳动时间决定的。当一个企业使用生产效率更高的技术时，其单位时间内生产的商品的使用价值量越大，就会获得较多盈利。

四、劳动社会学理论

劳动社会学（Sociology of Work），形成于 19 世纪二三十年代，它采用社会学理论方法体系来研究劳动者行为、劳动关系、劳动组织、劳动制度和劳动社会过程，以揭示社会劳动活动的结构、功能及其运动规律的一门社会学分支学科（潘锦棠，1989）。

劳动社会学所研究的劳动社会也被称为产业社会。它本身其实就是各种社会劳动者之间相互影响和协同作用的结果，是一个包含经济、文化、政治等社会因素的综合体。第二次世界大战期间，劳动社会学从一般社会学中分离出来，成为社会学的一门分支学科。"劳动社会学"一词最早出现在法国，1959 年，作为一份刊名被法国的一家著名社会学杂志使用，这个刊名促进了这个名称的广泛传播与使用。劳动既是我们人类生产中最重要的一种实践性活动，也是人类社会存在与发展的基本前提。劳动者在从事劳动的同时也为其创造了财富，劳动社会学研究的前史，就是经济学家和社会学家以劳动者作为研究的主体、以劳动作为主要的研究对象，去深入地研究因劳动而产生的各种社会现象和因劳动所组成的各种社会问题。劳动社会学的研究内容主要包括六个方面：劳动社会学基本理论、劳动者、劳动的社会关系、劳动的社会结构、劳动组织及劳动组织方式、劳动和社会变迁。

普通社会学和劳动社会学有很大的区别：普通社会学研究一般社会人和各类人的一般社会行为；劳动社会学则将人当作劳动者，只研究他们的劳动行为。普通社会学研究一切社会关系，包括政治、经济、文化、血缘、地理、产业关系等，研究一般社会组织、一般社会制度和社会过程；劳动社会学只研究劳动关系、劳动组织和劳动制度，以及劳动的社会过程。劳动社会学理论的形成和发展大体上都是经历了三个时期。古典时期主要确立马克思主义、管理学派等各学派所关注的基本命题；在现代时期，各个学派都有一些阐述并发展了各自的观点和理论立场；随着研究不断深入，后现代时期主要是对传统理论进行了修正、模仿、拼凑、整合和系统化。

自改革开放以来，随着劳动问题层出不穷，我国劳动社会学的研究取得了长足的发展。在我国社会经济的转型和发展的大背景下，我国的职业结构具有农业社会向非农业社会转型的特征。新兴产业科技不断创新、技术进步不断加快，劳动生产率逐渐提高，为劳动者带来更高的劳动收入和更好的待遇。第三产业已经成为当代青年就业的主要方向，它的发展趋势使我国的劳动力从传统的工业部门逐渐地流向新兴的工业部门；使劳动力从那些提供基本物质生活资料的部门流向高端消费的部门；使劳动力从劳动生产率较低的部门流向劳动生产率上升更加迅速的部门。

为了鼓励和促进当代青年人才更好地进行专业性的职务流动，要积极发展第二、第三产业，拓宽人才就业的渠道，建立培训和管理机制，不断地提高员工的综合素质，建立激励机制，吸引优秀人才等，为促进青年就业创造良好的环境，同时，改善青年职业技术人才培训、选拔、推荐机制，引导他们正确对待社会人才的多层次需求，树立合理的职业观，做出客观正确的职业定位。

第三章

我国高等职业教育与人力资本匹配性分析

高等职业教育是人力资本积累的重要源泉，其发展水平需要与经济社会发展的需求相匹配，才能持续促进社会经济良性发展。本章首先对我国高等职业教育的概况进行阐述，进而分析了社会匹配准则下的教育结构与人力资本，最后对我国高等职业教育与社会需求匹配情况进行分析。

第一节　我国高等职业教育概况

一、高等职业教育院校数量

如图 3.1 所示，近些年我国高等职业教育院校数量呈现逐渐增加的趋势，从 2011 年的 1280 所增加到 2019 年的 1423 所。虽然增加的院校数量不是太多，但是与我国高等教育入学人口增幅相比，高等职业教育院校的增速相对比较快。2019 年全国共有普通高等教育学校 2688 所（包含独立学院 257 所），比上年增加了 25 所，增长了 0.94%，高等教育的毛入学率达51.6%，使得中国建成世界上规模最大的高等教育体系。从以上数据可以看出，2019年高等职业教育院校数量占全国普通高等教育学校的52.94%。因此，我国高等职业教育的规模为提高我国高等教育毛入学率和我国高等教育进入普及化阶段做出了重要贡献。

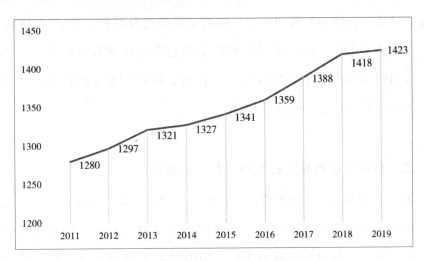

图3.1 2011—2019年我国高等职业教育院校数量（所）

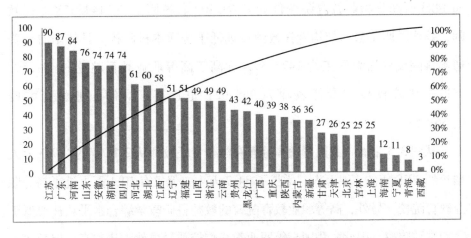

图3.2 2019年31个省（自治区、直辖市）高等职业教育院校数量（所）

从具体省（自治区、直辖市）来看，江苏、广东、河南、山东、安徽、湖南和四川拥有的高等职业教育院校相对较多，均超过 70 所；河北、湖北、江西、辽宁、福建、山西、浙江、云南、贵州、黑龙江和广西处于中等水平，拥有 40 所到 70 所的高等职业教育院校；内蒙古、新疆、甘肃、天津、北京、吉林和上海拥有较少的高等职业教育院校，处于 20 所到 40 所；而海南、宁夏、青海和西藏拥有很少的高等职业教育院校。总体来看，人口较多而高等本科院校不多的省拥有的高等职业教育院校往往居多，例如江苏、广东、河南与山东。

二、高等职业教育院校教职工与专任教师

2019 年我国高等职业教育院校数量占全国普通高等教育学校的一大半（52.94%），但从表 3.1 可以看出，不同类型的高等教育学校存在着很不均衡的教职工比例和专任教师比例。2019 年普通高等教育学校共计 2688 所，拥有的教职工人数合计 2566705 人，拥有的专任教师人数 1740145 人，而 1423 所高等职业教育院校仅拥有 699400 名教职工和 514436 名专任教师，校均教职工数与校均专任教师数远低于普通本科院校。具体来看，普通本科院校校均教职工为 1475.59，远高于高等职业教育院校的 491.50，普通本科院校校均专任教师为 968.62，也远高于高等职业教育院校的 361.52。

从图 3.3 来看，我国普通高等教育学校专任教师从 2011 年的 139.3 万人增长到 2019 年的 174 万人，增长了 34.7 万人，但仅有 10.1 万人进了高等职业教育院校。另外，高等职业教育院校的教师科研教学综合水平往往要低于普通本科院校，因此，我国高等职业教育院校数量虽然占比很高，但教职工和专任教师队伍存在着较为严重的不均衡现象，亟须壮大与提升。

表 3.1 2019 年我国高等教育学校的教职工情况

	学校数（所）	教职工数（人）	校均教职工数	专任教师（人）	校均专任教师数
普通高等教育学校	2688	2566705	954.88	1740145	647.38
普通本科院校	1265	1866619	1475.59	1225310	968.62
独立学院	257	159432	620.36	120617	469.33
高等职业教育院校	1423	699400	491.50	514436	361.52
其他普通高等教育学校	（21）	686	—	399	—
成人高等学校	268	36088	134.66	20641	77.02
民办的其他高等教育学校	（784）	18782	—	8580	—

注："（ ）"内数据为不计校数

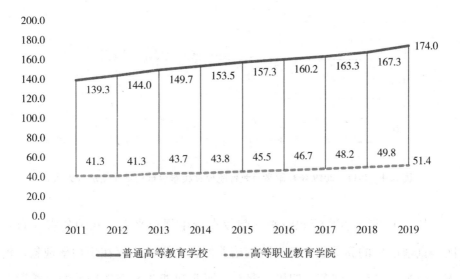

图 3.3 2011—2019 年我国高等教育院校专任教师变化情况（万人）

三、高等职业教育院校学生规模

2011—2019 年的高等教育院校在校学生规模如图 3.4 所示，2011 年我国普通高等教育院校总的在校学生为 2308.5 万人，逐年增长到 2019 年为 3031.5 万人，其中高等职业教育院校在校生规模从 2011 年的 958.9 万人增长到 2019 年的 1280.7 万人。可以看出，我国普通高等教育和高等职业教育学校培养的学生规模逐渐增长，为我国社会经济发展持续提供越来越多的人力资本。

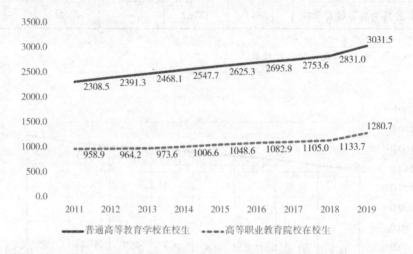

图 3.4　2011—2019 年我国高等教育院校在校学生规模变化情况（万人）

从 2019 年各省高等职业教育院校在校生规模来看，我国各省（自治区、直辖市）的高等职业教育院校培养的人力资本也存在不均衡现象。河南、山东、广东、江苏、四川、湖南、河北和湖北 8 个省培养的高等职业教育院校学生占了全国的 50% 以上；西藏、青海、宁夏、北京、海南、上海和天津培养的高等职业教育院校学生相对较少，高等职业教育院校在校生规模都不超过 2 万人。

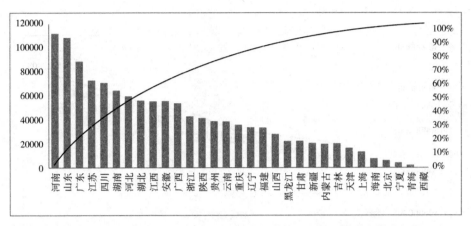

图 3.5 2019 年我国 31 个省（自治区、直辖市）高等职业教育院校在校生数量（人）

四、普通高职、高专学校教育经费收入

2011—2018 年我国普通高职、高专学校教育经费收入情况如图 3.6 所示（数据来源于《2019 年中国教育经费统计年鉴》）。可以看出，2011—2018 年我国普通高职、高专学校教育经费收入逐年增加，从 2011 年的 1250.79 亿元增加到 2018 年的 2159.28 亿元。具体到各个省（自治区、直辖市）来看，广东和江苏明显高于其他省，分别为 206.48 亿元和 179.72 亿元，其次是山东、河南、湖南、四川和浙江，均处于 100 亿元到 150 亿元，湖北、安徽、河北、江西、广西、陕西、重庆、福建、贵州和内蒙古的普通高职、高专学校教育经费收入均处于 50 亿元到 100 亿元，其他省均低于 50 亿元。与图 3.5 的高等职业教育院校在校生数量对比，可以发现在校学生规模顺序与教育经费收入顺序并不完全一致，这主要是人均学费差异导致的。

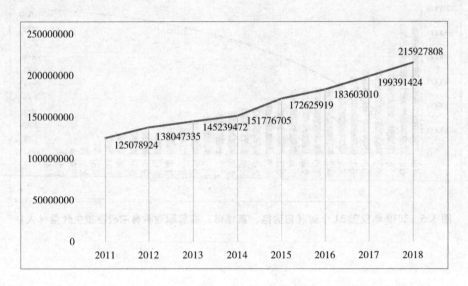

图 3.6 2011—2018 年我国普通高职、高专学校教育经费收入（千元）

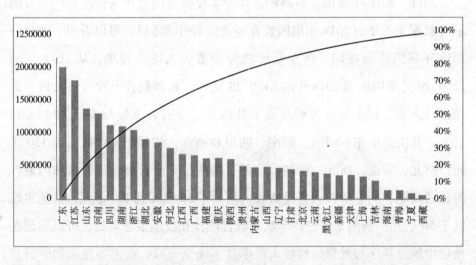

图 3.7 2018 年我国 31 个省（自治区、直辖市）普通高职高专学校

教育经费收入（千元）

五、普通高职、高专学校教育经费支出

2011—2018 年我国普通高职、高专学校教育经费支出情况如图 3.8 所示（数据来源于《2019 年中国教育经费统计年鉴》）。可以看出，2011—2018 年我国普通高职、高专学校教育经费支出逐年增加，从 2011 年的 1233.98 亿元增加到 2018 年的 2105.53 亿元。具体到各个省来看，广东和江苏明显高于其他省，分别为 198.43 亿元和 179.37 亿元，其次是山东、河南、四川、湖南和浙江，均处于 100 亿元到 150 亿元，湖北、安徽、河北、江西、广西、福建、重庆、陕西和贵州的普通高职、高专学校教育经费支出均处于 50 亿元到 100 亿元，其他省均低于 50 亿元。（图 3.9）

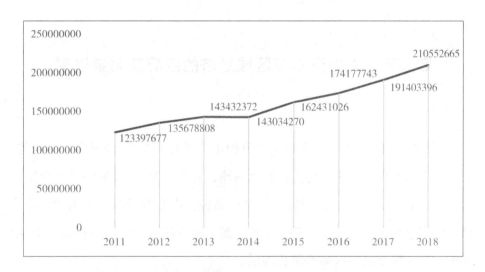

图 3.8 2011—2018 年我国高职、普通高专学校教育经费支出（千元）

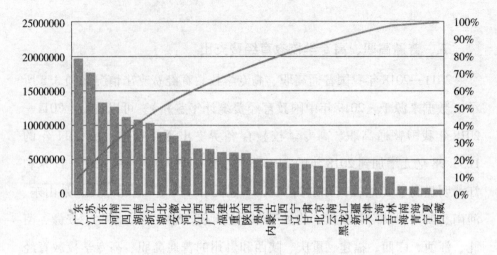

图 3.9　2018 年我国 31 个省（自治区、直辖市）普通高职、

高专学校教育经费支出（千元）

第二节　人力资本与区域经济的匹配度测量模型

《管子·霸言》曰："夫霸王之所始也，以人为本。"即其余，一切均为末。人本为内、为中、为主，其他为外、为边、为支。《鬼谷子·内揵》曰："治名入产业，曰揵而内合。"也就是说，产业发展内合于人力资本，区域经济内合于产业资本。进一步说，源于教育的人力资本与产业资本相匹配，产业资本又与区域经济相匹配。

中心匹配是中心根据系统整体的要求整合周边资源而实现的。《中庸》曰："喜怒哀乐之未发，谓之中；发而皆中节，谓之和。中也者，天下之大本也；和也者，天下之达道也。致中和，天地位焉，万物育焉。"王阳明"中，易也"。王弼认为："言道以无形无名，始成万物。"规律是无形的，它给出了世界所有事物产生、形成和发展的机理。规律虽然很难用语言文字加以描述，但人们可以用某种手段将其"复制"出来。复制"道"的过程称为"建德"，即建立机制。

老子曰："建德若偷。"王弼注："偷，匹也。建德者，因物自然，不立不施，故若偷匹。"道为阳，德为阴，阴受阳影。建德就是接受道的投影，即建德犹如复制"道痕"。王弼说道："道隐无名，夫唯道，善贷且成。"

因物自然，不在不施，有物，才能与之匹配。匹配时，将事物分为两类：一类为强，另一类为弱。每一类又根据其强弱分成四种。

匹配准则：（1）强类与强类进行匹配，会更强；（2）弱类与弱类进行匹配，会趋强；（3）强类与弱类进行匹配，会变弱。

人力资本—高等职业教育—区域经济的贯通原则应是社会匹配准则。匹配准则是中国国家治理的重要原理，但被丛林准则、优胜劣汰和优化原理的西方现代经济学理论所忽视。

人力资本作为一个区域经济发展的重要投入要素，与区域经济发展存在着紧密的相互作用关系，而区域经济发展又会促进人力资本持续投入。人力资本与区域经济的匹配协调机制主要表现为这两个系统的相互作用关系。为了定量化人力资本与区域经济的相互作用关系，我们采用耦合模型对人力资本与区域经济的匹配度进行测量，即建立了一个"人力资本—区域经济"系统耦合模型，具体过程如下。

一、构建"人力资本—区域经济"指标体系

为了分析人力资本与区域经济的匹配程度，首先要分别对人力资本和区域经济这两个系统进行测量，即要构建人力资本测量指标体系和区域经济测量指标体系。综合现有研究成果，按照科学性、系统性与可行性原

则，本节选择了教育水平、医疗卫生和社会保障三个方面构建了包含 14 个指标的狭义的区域人力资本测量指标体系，具体如表 3.2 所示。教育水平方面，包括教育经费占国内生产总值比重、教育事业费占国内生产总值比重等 6 个指标，皆为正向指标；医疗卫生方面，包括卫生事业费占国内生产总值比重、人均拥有医生数等 6 个指标，皆为正向指标；社会保障方面，测度指标包括社会保障补助支出占国内生产总值比重、抚恤和社会救济费支出占国内生产总值比重，皆为正向指标。

区域经济发展水平的测度已经很成熟，本书采用的测量指标如表 3.3 所示，包括四个一级指标，即经济实力、富裕程度、经济结构和经济效益。经济实力方面，包括国内生产总值比例、财政收入比例等 4 个指标，皆为正向指标；富裕程度方面，包括人均国内生产总值、人均财政收入等 5 个指标，皆为正向指标；经济结构方面，包括第三产业国内生产总值比重、居民消费占收入水平的比重等 3 个指标，皆为正向指标；经济效益方面，包括全社会劳动生产率、工业资产负债率等 3 个指标，其中工业资产负债率为负向指标，其他 2 个为正向指标。

表 3.2　区域人力资本测量指标体系

指标类型	测度指标	功效类型
教育水平	教育经费占国内生产总值比重	正向
	教育事业费占国内生产总值比重	正向
	大专以上学历人数占总人口的比重	正向
	在校大学生（本、专科）人数占总人口的比重	正向
	在校高中生人数占总人口的比重	正向
	平均受教育年限	正向

指标类型	测度指标	功效类型
医疗卫生	卫生事业费占国内生产总值比重	正向
	人均拥有医生数	正向
	人均拥有病床数	正向
	医疗人员中卫生技术人员比率	正向
	医疗人员中执业（助理）医师比率	正向
	医疗人员中注册护士比率	正向
社会保障	社会保障补助支出占国内生产总值比重	正向
	抚恤和社会救济费支出占国内生产总值比重	正向

表 3.3　区域经济发展水平测量指标体系

指标类型	测度指标	功效类型
经济实力	国内生产总值比例	正向
	财政收入比例	正向
	城镇居民可支配收入	正向
	农民纯收入	正向
富裕程度	人均国内生产总值	正向
	人均财政收入	正向
	人均农民纯收入	正向
	城镇居民人均可支配收入	正向
	人均储蓄额	正向
经济结构	第三产业国内生产总值比重	正向
	居民消费占收入水平的比重	正向
	非农业人口占总人口的比重	正向
经济效益	全社会劳动生产率	正向
	工业资产负债率	负向
	财政收入占国内生产总值的比率	正向

二、构建系统功效函数

在明确人力资本与区域经济两个子系统测度指标体系的基础上，我们基于耦合模型就可以分别构建这两个子系统的功效函数。假设人力资本和区域经济这两个系统的综合序参量用 $U_i(i = 1, 2)$ 来表示，第 i 个序参量的第 j 指标用 $u_{ij}(i = 1, 2; j = 1, 2, \cdots, n)$ 来表示，u_{ij} 的值用 X_{ij} 来表示。系统的稳定临界点序参量的上限值和下限值分别用 α_{ij} 和 β_{ij} 来表示，则人力资本与区域经济系统的功效系数 u_{ij} 可以表达为：

$$u_{ij} = \begin{cases} (X_{ij} - \beta_{ij}) / (\alpha_{ij} - \beta_{ij}), & u_{ij} \text{ 为正向指标} \\ (\alpha_{ij} - X_{ij}) / (\alpha_{ij} - \beta_{ij}), & u_{ij} \text{ 为负向指标} \end{cases} \tag{3.1}$$

在本书中，我们主要是测算我国 31 个省（自治区、直辖市）不同年份的功效系数，因此以同年同指标各地区中的最大值和最小值分别作为序参量的上限值和下限值，即 α_{ij} 和 β_{ij}。可以看出，功效系数 u_{ij} 的值处于 0 到 1 之间，表示该指标达到最优目标的程度，越接近 1，满意度越高，越接近 0，满意度越低。

三、建立匹配度测度模型

在得出人力资本和区域经济系统不同指标的功效系数 u_{ij} 之后，我们就可以计算人力资本和区域经济这两个系统的综合序参量 U_i，即：

$$U_i = \sum_{j=1}^{n} \omega_{ij} u_{ij}, \quad \sum_{j=1}^{n} \omega_{ij} = 1 \tag{3.2}$$

其中 ω_{ij} 为序参量对应的权重。在得到 U_i 之后，我们就可以计算人力资本与区域经济的匹配度测度模型：

$$match = \sqrt{C \times T} \tag{3.3}$$

$$C = \{(U_1 \times U_2) \mid [(U_1 \times U_2)/2]^2\}^2 \tag{3.4}$$

$$T = a\,U_1 + b\,U_2 \tag{3.5}$$

其中 *match* 表示最终计算得到的人力资本与区域经济的匹配度，*C* 表示两个系统的耦合程度，*T* 表示人力资本与区域经济系统的综合协调程度，能够反映出人力资本和区域经济这两个子系统的整体协同效应，*a* 和 *b* 表示人力资本与区域经济这两个子系统的相对权重。

第三节　匹配度测量结果与分析

依据表 3.2 和 3.3 中设计的人力资本与区域经济测量指标体系，可以从《中国统计年鉴》《中国教育统计年鉴》和《中国教育经费统计年鉴》中获得原始数据，然后根据公式（3.1）到（3.5），我们就可以计算出我国 31 个省（自治区、直辖市）人力资本与区域经济发展的匹配程度，具体结果如表 3.4 和图 3.10 所示。可以看出，除了北京以外，我国 31 个省（自治区、直辖市）的人力资本与区域经济发展的匹配度都不是很高，因此，如果不考虑人力资本的跨区域流动来看，我国人力资本与区域经济发展存在比较严重的失配问题。

表 3.4　2011—2018 年我国 31 个省（自治区、直辖市）人力资本与区域经济发展的匹配度

地区	2011	2012	2013	2014	2015	2016	2017	2018	均值
北京	0.903	0.902	0.895	0.896	0.892	0.896	0.886	0.883	0.894
天津	0.662	0.659	0.660	0.654	0.658	0.652	0.651	0.649	0.656
河北	0.412	0.417	0.422	0.421	0.421	0.425	0.423	0.431	0.422

地区	2011	2012	2013	2014	2015	2016	2017	2018	均值
山西	0.703	0.671	0.659	0.665	0.656	0.658	0.656	0.657	0.666
内蒙古	0.712	0.725	0.701	0.709	0.707	0.713	0.712	0.714	0.712
辽宁	0.575	0.603	0.614	0.614	0.618	0.619	0.624	0.623	0.611
吉林	0.707	0.707	0.688	0.685	0.689	0.688	0.679	0.678	0.690
黑龙江	0.729	0.719	0.725	0.720	0.728	0.724	0.725	0.732	0.725
上海	0.774	0.754	0.743	0.743	0.740	0.739	0.737	0.738	0.746
江苏	0.647	0.662	0.675	0.667	0.673	0.672	0.678	0.682	0.670
浙江	0.587	0.608	0.601	0.601	0.604	0.603	0.606	0.606	0.602
安徽	0.619	0.659	0.641	0.644	0.636	0.634	0.630	0.628	0.636
福建	0.493	0.502	0.485	0.495	0.488	0.501	0.496	0.498	0.495
江西	0.488	0.489	0.490	0.490	0.489	0.486	0.487	0.483	0.488
山东	0.510	0.524	0.529	0.529	0.532	0.530	0.534	0.534	0.528
河南	0.608	0.612	0.603	0.604	0.599	0.597	0.596	0.592	0.601
湖北	0.687	0.713	0.705	0.706	0.701	0.702	0.703	0.700	0.702
湖南	0.643	0.665	0.672	0.666	0.666	0.676	0.673	0.680	0.668
广东	0.611	0.618	0.625	0.627	0.624	0.627	0.632	0.634	0.625
广西	0.510	0.496	0.499	0.491	0.495	0.492	0.490	0.490	0.495
海南	0.412	0.441	0.429	0.425	0.426	0.423	0.419	0.420	0.424
重庆	0.679	0.682	0.681	0.681	0.681	0.683	0.687	0.688	0.683
四川	0.678	0.699	0.723	0.716	0.722	0.726	0.722	0.725	0.714
贵州	0.400	0.378	0.397	0.394	0.399	0.382	0.388	0.382	0.390
云南	0.519	0.509	0.506	0.504	0.500	0.504	0.495	0.494	0.504
西藏	0.596	0.583	0.594	0.600	0.602	0.587	0.595	0.602	0.595

续表

地区	2011	2012	2013	2014	2015	2016	2017	2018	均值
陕西	0.731	0.764	0.783	0.773	0.784	0.784	0.789	0.788	0.774
甘肃	0.552	0.562	0.555	0.553	0.555	0.550	0.544	0.546	0.552
青海	0.524	0.505	0.521	0.516	0.518	0.506	0.508	0.512	0.514
宁夏	0.567	0.579	0.588	0.589	0.586	0.591	0.592	0.591	0.585
新疆	0.657	0.660	0.663	0.669	0.667	0.669	0.671	0.674	0.666

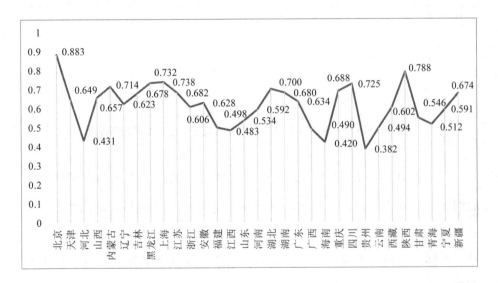

图 3.10　2018 年我国 31 个省（自治区、直辖市）人力资本与区域经济发展的匹配度

人力资本与区域经济发展的匹配度水平测度值位于 0.8~1.0 区域时，标识为"很高"；测度值位于 0.6~0.8 区域时，标识为"较高"；测度值位于 0.4~0.6 区域时，标识为"一般"；测度值位于 0.2~0.4 区域时，标识为"较低"；测度值位于 0.0~0.2 区域时，标识为"很低"。具体来看，可以看出以下主要结论。

（1）2011—2018 年，北京市的人力资本与区域经济发展的匹配度处于

"很高"水平，测度值位于0.8~1.0区域，然而，在这期间存在缓慢下降趋势，从2011年的0.903波动性降低到2018年的0.883，如图3.11所示。

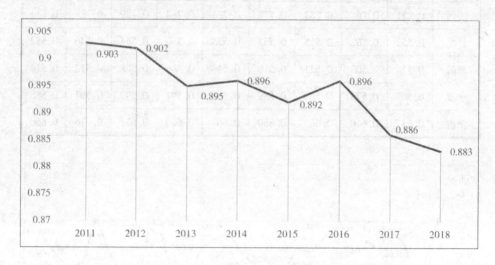

图 3.11　2011—2018 年北京市人力资本与区域经济发展的匹配度

（2）2018年，18个省（自治区、直辖市）的人力资本与区域经济发展的匹配度处于"较高"水平，测度值位于0.6~0.8区域，从高到低依次是：陕西、上海、黑龙江、四川、内蒙古、湖北、重庆、江苏、湖南、吉林、新疆、山西、天津、广东、安徽、辽宁、浙江和西藏。2011—2018年期间，这些省（自治区、直辖市）的匹配度变化并不是一致的，如图3.12、3.13所示。

陕西、四川、江苏、湖南和辽宁这5个省在这期间的人力资本与区域经济发展匹配度处于缓慢的上升趋势，尤其是2011年到2013年的上升幅度相对较大；上海、吉林和山西3个省在这期间的人力资本与区域经济发展匹配度处于缓慢的下降趋势；黑龙江、内蒙古、湖北、重庆、新疆、天津、安徽、广东、浙江和西藏在2011—2018年的人力资本与区域经济发展匹配度变化比较平稳，此处不用图表来表示。

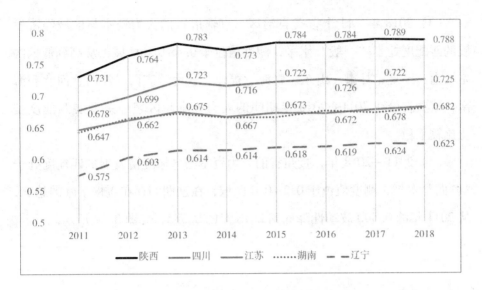

图 3.12 2011—2018 年陕西、四川、江苏、湖南和辽宁人力资本与区域

经济发展的匹配度

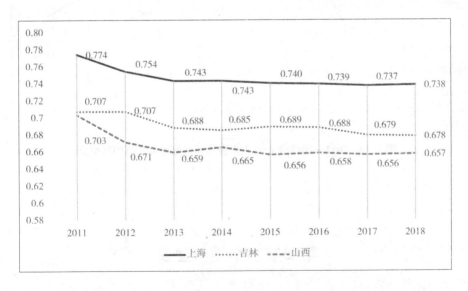

图 3.13 2011—2018 年上海、吉林和山西人力资本与区域经济发展的匹配度

51

（3）2018 年，11 个省（自治区、直辖市）的人力资本与区域经济发展的匹配度处于"一般"水平，测度值位于 0.4~0.6 区域，从高到低依次是河南、宁夏、甘肃、山东、青海、福建、云南、广西、江西、河北和海南，这些省份在 2011—2018 年期间的人力资本与区域经济发展匹配度变化比较平稳。

（4）2011—2018 年，贵州省的人力资本与区域经济发展的匹配度处于"较低"水平，测度值位于 0.2~0.4 区域，在这期间存在缓慢下降的趋势，从 2011 年的 0.400 波动性降低到 2018 年的 0.382，如图 3.14 所示。

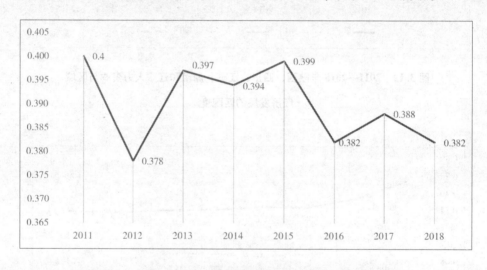

图 3.14　2011—2018 年贵州人力资本与区域经济发展的匹配度

第四节　小结与建议

在本章中，首先从院校数量、教职工与专任教师、学生规模、教育经费收入、教育经费支出等方面对我国高等职业教育的总体情况进行了省域层面的对比分析，进而提出区域人力资本测量指标体系和区域经济发展水平测度指标体系，在构建系统功效函数的基础上，建立了人力资本与区域经济的匹配度测量模型。

根据 2011—2018 年我国 31 个省（自治区、直辖市）人力资本与区域经济发展的指标数据，基于构建的匹配度测量模型，得到了我国 31 个省（自治区、直辖市）人力资本与区域经济发展的匹配程度。结果发现，在 2011 年至 2018 年期间，除了北京以外，我国其他省（自治区、直辖市）人力资本与区域经济发展的匹配度都不是很高，因此，如果不考虑人力资本的跨区域流动来看，我国人力资本与区域经济发展存在比较严重的失配问题。国家应按照各省（自治区、直辖市）的产业结构现状以及发展趋势，测算出不同地区不同专业的高等职业教育毕业生需求量，及时优化我国高等职业教育专业结构布局和培养规模。

第四章

个体、组织与区域人力资本测量方法研究

人力资本度量的关键是解决异质劳动者的人力资本汇总问题，不同层次主体具有不同的人力资本测量指标与方法。本章针对人力资本难以测量问题，首先考虑技能专长、工作经验、教育背景等，其次考虑组织员工人数、教育年限、学历权重、技能与任务匹配程度等，进而考虑区域劳动人数、区域人均教育投入、区域人均受教育年数等，为研究不同时间空间下人力资本、高等职业教育与社会经济发展的关系提供基础和前提。这一章的研究为基于个体、组织和区域三个层面研究人力资本测量提供了一定支持，尤其是区域人力资本测量指标与方法方面的研究为第六章和第七章研究高等职业教育、人力资本与经济增长的关系提供了人力资本测量方法基础。

第一节 个体人力资本测量指标与方法

人力资本测量是人力资本理论方法中重要的环节。纵观目前国内外的

文献资料，人力资本测量方法可从多个角度进行分类，如货币测量和非货币测量、个体测量和群体测量、成本测量和价值测量、投入测量和产出测量、精确测量和模糊测量等（Lauder，2015；Sun et al.，2019）。传统的测量方法包括历史成本法、重置成本法、机会成本法、未来工资报酬折现法、随机报酬法、教育存量法等。这些测量方法都有一定的优势，但难免存在一些局限性（Romer，1990；Lauder，2015；Fraumeni et al.，2019），例如历史成本法局限于假定人力资源的增值和摊销与其实际能力有直接联系，但没有考虑社会投入部分；重置成本法脱离传统会计模式，带有较强的主观性；机会成本法脱离了传统会计模式，核算工作量比较大，计算结果一般大于实际人力资本价值；未来工资报酬折现法不能全面反映职工创造的实际价值，难以测定人力资源离职概率；随机报酬法未考虑现代企业团队生产的特征，忽略了其他资产对组织受益的影响；教育存量法忽略了健康资本等其他因素，无法计算知识的积累效应。

综合现有研究的优缺点，取长补短，改进后的个体人力资本测量指标体系与测量方法包括以下九个测量指标：个体知识、技能专长、工作经验、教育背景、领导能力、社会网络、初入公司的职位、问题解决能力和风险承担精神，如表4.1所示。

表4.1　个体人力资本测量指标体系与测量方法

测量指标	测量方法
个体知识	（很低、较低、一般、高、很高）
技能专长	（很不专业、较不专业、一般、比较专业、很专业）
工作经验	从事本领域的工作年限
教育背景	（高中及以下、专科、本科、硕士、博士）
领导能力	（很低、较低、一般、高、很高）

续表

测量指标	测量方法
社会网络	（很差、较差、一般、好、很好）
初入公司的职位	（非管理岗、一般管理岗、中层管理岗、高层管理岗）
问题解决能力	（很低、较低、一般、高、很高）
风险承担精神	（很差、较差、一般、好、很好）

　　个体知识是指个体拥有与当前工作相关的知识水平高低情况，用"很低、较低、一般、高、很高"五级量表来测量；技能专长是指个体具备与当前工作相关的技能专长情况，用"很不专业、较不专业、一般、比较专业、很专业"五级量表来测量；工作经验是指个体经历的与当前工作相关的时间长短，用从事本领域的工作年限来测量；教育背景是指个体的教育经历情况，用"高中及以下、专科、本科、硕士、博士"五级量表来测量；领导能力是指个体具备的领导能力高低，用"很低、较低、一般、高、很高"五级量表来测量；社会网络是指个体具备的社会网络情况，用"很差、较差、一般、好、很好"五级量表来测量；初入公司的职位是指个体加入组织时的工作岗位级别，用"非管理岗、一般管理岗、中层管理岗、高层管理岗"四级量表来测量；问题解决能力是指个体解决工作面临问题的能力高低，用"很低、较低、一般、高、很高"五级量表来测量；风险承担精神是指个体在工作中承担风险的精神状态，用"很差、较差、一般、好、很好"五级量表来测量。

第二节　组织人力资本测量指标与方法

现有研究提出了许多的人力资本测量指标，也对影响人力资本价值的因素进行了越来越多的分析，这是因为随着社会经济的发展变化，能够体现人力资本价值的具体指标也发生了较大变化。但是当前人力资本的测量对象多是聚焦于个体，对组织人力资本和区域人力资本的测量方法研究得还比较少。很明显，组织人力资本和区域人力资本并不是组织内或区域内个体人力资本的简单相加。基于人力资本、高等职业教育和社会经济发展的关系，需要构建出组织人力资本测量方法和区域人力资本测量方法，以及组织人力资本测量模型和区域人力资本测量模型，为研究不同时间空间下人力资本、高等职业教育与社会经济发展的关系提供基础和前提。

针对一些特定类型的组织，探讨组织和团体人力资本的测量模型和方法。Pennings（1998）等人在研究人力资本及社会资本对企业破产的作用时，将人力资本分为特殊行业人力资本及特殊企业人力资本两种。特殊行业人力资本的测量指标是企业全体员工中拥有硕士及以上学历的比例以及在行业内的平均工作年限。特殊企业人力资本的测量指标是全体员工在企业工作年限的自然对数的平均值。Pantzalis 和 Park（2009）在研究了公司股票市场价值是否以及如何影响员工协作技能与效率的基础上，提出群体人力资本测量法。Han 等人（2014）认为团队人力资本的多样性对团队创造社会资本的能力具有重要影响，并采用 36 个 MBA 团队进行了验证。刘勇等人（2010）将组织层面人力资本分为人力资本数量、人力资本与组织匹配度、人力资本互补性以及人力资本专用性四个维度，并提出对这四个维度的测量指标及指标的问题进行描述。Goebel（2015）采用市价与账面比值、托宾 Q 值和长期价值与账面比值三种方法测量了德国 4488 个公司的人力资本价值，发现长期价值与账面比值最能反映公司人力资本。Khan和 Quaddus（2018）认为组织人力资本测度是一个多维度的问题，分别从人口统计和心理两个视角分析了企业人力资本测量指标，其中人口统计方面的指标包括公司员工的相关工作经验、公司员工的相关工作技能和公司员工的显性知识及教育水平，心理方面包括公司员工的隐性知识和公司员工的义务劳动等。白云飞和栾彦（2019）以民营企业与非民营企业为对象，分析了企业人力资本与经济增长的关系，其中企业人力资本测量采用的教育年限法，即采用一个组织内不同教育层次人群的人力资本量加总。

从资源角度提出组织人力资本测量方法。借鉴叶俶祯（2006）的观点，采用组织层面人力资本的定义，即在完成客户需求以便为企业获得经济利益时与组织的价值和目标相匹配，满足这样属性的互补的员工结构的独特性和水平。组织层面人力资本的定义，成为获取竞争优势资源的四个要求：稀缺、有价值、不易模仿和不可替代。该定义同样暗示了人力资本相互独立的四个子结构：组织人力资本数量、组织人力资本与组织匹配度、组织人力资本互补性以及组织人力资本专用性。根据以上分析，表4.2 汇总了本书提出的组织人力资本测量指标体系与测量方法对每一项测量题项，都是采用"非常不同意、不同意、一般、同意、非常同意"五级量表来测量。

表4.2 组织人力资本测量指标体系与测量方法

一级测量 指标	二级测量 指标	测量题项
组织人力 资本数量	员工数量	本组织有足够数量的员工来处理客户需求
	健康水平	员工有适当的身体素质来开展他们的工作
	工作自主性	本组织员工在工作中具有较高的自主性
组织人力 资本与组 织匹配度	人力资本与组织战 略的匹配度	员工能力与组织帮助当前客户的需求相吻合
		员工能力与组织保持在某一领域领先的需求相 吻合
	人力资本与组织文 化的匹配度	员工的特性与组织文化一致
		员工认同组织的价值
	人力资本与岗位的 匹配度	员工拥有顺利完成其工作所需的能力
		组织的每个岗位都有合适的人员
组织人力 资本互补性	人才结构化情况	员工组成的特定小组能更好地发现和解决问题
		员工间的技术、知识和观点可以互补
		顾客来找本组织解决问题是因为本组织可以组织 起一支由不同领域专家组成的小组来解决他们的 问题
	协调的效率以及劳 动分工与合作的 水平	组织内员工具有良好的分工
		组织内员工合作水平很高
		组织内不同部门员工协调的效率很高
	密集的沟通和支持 的水平	面对要解决的问题员工间进行及时沟通
		员工解决问题过程中能够得到及时支持
		员工沟通后和得到支持后能够解决问题

一级测量指标	二级测量指标	测量题项
组织人力资本专用性	独特性的概念	员工组合后的才能允许组织为顾客提供独特的服务或是产品
		员工组合后的才能在行业内是稀缺的
	员工的技术、知识和能力水平	员工的知识和技术在本组织有很高的专用性
		员工拥有较高的关于本组织所有的技术和方法的技能
	资源不可移动/不可转移性	组织内员工具有较低的流动性
		组织内各岗位业务流程有较高的标准化

一、组织人力资本数量

组织是一个人力资本与非人力资本构成的契约（叶俶祯，2006）。组织需要雇用足够多的掌握一定技能要求的员工，在有限的时间内来完成其目标要求的任务（Nordhaug，1993），满足客户需求，获得生存与发展。好的身体和心理素质是员工完成工作的基本条件（周其仁，1996），同时，人力资本所有者的工作态度直接影响其生产率（Hsu et al.，2009；Ruíz et al.，2017），因此对组织人力资本数量这一维度的考察，还必须包含其健康水平和工作自主性两个基本方面。可见，组织人力资本数量应该通过三个指标来衡量：组织是否拥有足够数量的人力、员工拥有适当的健康水平以及较高的相对独立自主性。对各指标的问题描述分别为"本组织有足够数量的员工来处理客户需求""员工有适当的身体素质来开展他们的工作"以及"本组织员工在工作中具有较高的自主性"。

二、组织人力资本与组织匹配度

只有当组织的人力资本与组织结构功能相匹配时，组织人力资本的价值才会存在。人力资本与组织的匹配度定义为员工态度与一系列组织需求之间的组合形态（Judge & Ferris，1992）。这些需求主要是组织战略、组织文化以及岗位职责（Michie & West，2004；Ruíz et al，2017；Kristof-Brown，2005；卿陶，2021）。因此，人力资本与组织的匹配度由三个指标来测量：人力资本与组织战略的匹配度、人力资本与组织文化的匹配度以及人力资本与岗位的匹配度。每个指标用两个问题来描述：对人力资本与组织战略的匹配度的问题描述为"员工能力与组织帮助当前客户的需求相吻合"以及"员工能力与组织保持在某一领域领先的需求相吻合"；对人力资本与组织文化的匹配度的问题描述为"员工的特性与组织文化一致"以及"员工认同组织的价值"；对人力资本与岗位的匹配度的问题描述为"员工拥有顺利完成其工作所需的能力"以及"组织的每个岗位都有合适的人员"。

三、组织人力资本互补性

在竞争市场中，获取竞争优势需要组织的核心员工掌握一系列复杂技术，这些技术不可能由一个人掌握，因此，为使复杂的组织能顺利运作需要各种能力组合在一起。所谓的互补性，就是组织所有劳动力的知识、技能、能力、行为等结合在一起构成相互关联系统，在这些系统中通过信息交换和协作，单个员工的作用得到加强，同时趋向最大化。当员工掌握的技能是相互补充时，那些原低效应要素所产生边际效应将会增加。只有当组织形成系统的内部效应时（主要表现在人才方面）才会出现互补，也只有做到协调、劳动分工与合作时，互补才是有效的，同时，互补需要沟通和支持（Milgrom & Robert，1990；Proter，1996；Ruíz et al.，2017）。

人力资本的互补性测量所用指标有三个：（1）人才结构情况；（2）协调的效率以及劳动分工与合作的水平；（3）密集的沟通和支持。用三个变量来描述每个指标，如人才结构化情况的问题描述为"员工组成的特定小组能更好地发现和解决问题""员工间的技术、知识和观点可以互补"以及"顾客来找本组织解决问题是因为本组织可以组织起一支由不同领域专家组成的小组来解决他们的问题"。

四、组织人力资本专用性

组织层面的人力资本的专用性水平对组织的内部管理结构以及组织的效率和绩效有重大影响。基于 RBV，人力资本可以成为组织的竞争优势来源，因此其发展需要时间，且不易转移，在市场上是不能找到替代品的，同时专用性的人力资本是稀缺的，并能使组织获得较高的市场绩效。

对人力资本专用性的衡量采用三个指标：（1）独特性的概念；（2）员工的技术、知识和能力水平；（3）资源不可移动/不可转移性（Danquah & Amankwah-Amoah，2017；Oh et al.，2018）。以两个变量来描述每个指标，如独特性的概念的问题描述为"员工组合后的才能允许组织为顾客提供独特的服务或是产品"以及"员工组合后的才能在行业内是稀缺的"；员工的技术、知识和能力水平的问题描述为"员工的知识和技术在本组织有很高的专用性"以及"员工拥有较高的关于本组织所有的技术和方法的技能"。

第三节 区域人力资本测量指标与方法

目前，国内学者对人力资本测量研究是多方面的，有的从人力资本存量与计量的角度考察，有的从投入与产出角度分析，也有的从教育年限角度或将人力资本看作异质性来计算。归纳区域人力资本的测度方法，主要有下列五种。

第一种方法是从产出角度，通过劳动报酬来度量区域人力资本。其特征是使用不同人力资本水平劳动者的平均收入差异来反映人力资本的差异。

第二种方法是从投入角度，通过资本成本来测度人力资本，即通过衡量培养劳动力的教育、培训、医疗等支出来反映人力资本的水平，这些支出包括公共人力资本投资和个人人力资本投资。

第三种方法是教育年限法，即使用教育年限来表征人力资本。

第四种方法是基于人力资本异质性的分解法。最初对劳动投入的分解是将其分解为人力资本和普通劳动力。

第五种方法是基于人力资本的货币价值测量的未来收益法。由于未来收益法需要人口死亡率、失业率等数据，我国现有的统计体系所对应的数据较难获得，故一般不考虑此种方法。

依据我国现有可获得的统计数据，并结合现有各种文献的研究内容，在上一节中的狭义区域人力资本测度指标体系的基础上，建立了一个区域人力资本测度的综合指标体系，如表4.3所示。

表 4.3　区域人力资本测度的综合指标体系

一级测量指标	二级测量指标	三级测量指标
区域人力资本	教育水平	教育经费占国内生产总值比重
		教育事业费占国内生产总值比重
		大专以上学历人数占总人口的比重
		在校大学生（本、专科）人数占总人口的比重
		在校高中生人数占总人口的比重
		平均受教育年限
	医疗卫生	卫生事业费占国内生产总值比重
		人均拥有医生数
		人均拥有病床数
		医疗人员中卫生技术人员比率
		医疗人员中执业（助理）医师比率
		医疗人员中注册护士比率
	社会保障	社会保障补助支出占国内生产总值比重
		抚恤和社会救济费支出占国内生产总值比重
区域关系资本	国际贸易往来	进出口总额占国内生产总值比重
		外商投资总额占国内生产总值比重
		外商注册资本占国内生产总值比重
	国内贸易往来	社会消费品零售总额占国内生产总值比重
		工业产品销售率
		货物和服务净流出占国内生产总值比重
		限额以上批发和零售业商品购进总额占国内生产总值比重
		限额以上批发和零售业商品销售总额占国内生产总值比重
	国际人员往来	国际旅游（外汇）收入占国内生产总值比重
		接待外国游客占全国接待人数比重

续表

一级测量 指标	二级测量 指标	三级测量指标
区域结构 资本	产业结构	第一产业产值占国内生产总值比重
		第二产业产值占国内生产总值比重
		第三产业产值占国内生产总值比重
	政府效能 水平	财政收入占国内生产总值比重
		财政支出占国内生产总值比重
		行政管理费支出占国内生产总值比重
		金融保险业生产总值占国内生产总值的比重
		城镇就业人员占总人口比重
	社会内部流动 与流通机制	客运总量占全国比重
		货运总量占全国比重
		职业介绍机构个数占全国比重
		职业指导人数占全国比重
		价格指数
	社会沟通与 交流机制	移动电话交换机容量占全国比重
		邮电业务量占国内生产总值比重
		移动电话用户数占全国比重
		固定电话用户数占全国比重
	信息流通 机制	因特网用户数占全国比重
		图书总印数占全国比重
		图书总印张数占全国比重
		期刊总印数占全国比重
		期刊总印张数占全国比重
		报刊总印数占全国比重
		报刊总印张数占全国比重

一级测量 指标	二级测量 指标	三级测量指标
区域创新 资本	创新投入	教育经费支出占全国比重
		教育事业费支出占全国比重
		R 和 D 经费（科技三项费用）支出占国内生产总值比重
		科学事业费支出占国内生产总值比重
	创新产出	技术市场成交额占国内生产总值比重
		发明申请受理数占全国比重
		实用新型申请受理数占全国比重
		外观设计申请受理数占全国比重
	创新人员	科技活动人员数占全国比重
		科学家和工程师人数占全国比重
		工程技术人员人数占总人口比重

第四节　小结与建议

人力资本测量是个复杂的系统性工作，尤其是区域性人力资本测量，更是一项系统性工程。本章在明确个体人力资本测量指标和组织人力资本测量指标的基础上，从区域人力资本、区域关系资本、区域结构资本和区域创新资本四个维度构建了一个广义的系统的区域人力资本测量指标，并针对每项指标明确了测量方法，为进行区域人力资本测量提供依据，也是第七章和第八章研究人力资本、高等职业教育和经济增长三者关系的前提。

第五章

基于 TOPSIS 的我国高等职业教育发展水平时空对比

第一节 高等职业教育发展水平测度指标

借鉴国内外有关教育发展指数、教育公平指数、职业教育发展指数以及职业教育质量评价指标的研究成果，体现了指数设计的继承性原则。设计区域高等职业教育水平的测度指标，如表 5.1 所示，包括三个一级测量指标，即总体规模指数、经费收支指数和教学条件指数。

一、总体规模指数

该指数用来衡量某区域高等职业教育在全国高等职业教育中的总体规模水平，具体用"该区域高等职业教育院校数量占全国高等职业教育院校数量的比例""该区域普通高等职业教育（专科）毕业学生数量占全国普通高等职业教育（专科）毕业学生数量的比例"和"该区域普通高校固定资产值占全国普通高校固定资产值的比例"来测算。

二、经费收支指数

该指数用来衡量某区域高等职业教育的经费收支情况，具体用"该区域普通高职、高专院校教育经费收入占全国普通高职、高专院校教育经费收入的比例""该区域普通高职、高专院校教育经费支出占全国普通高职、高专院校教育经费支出的比例"和"该区域普通高职、高专院校财政补助支出占全国普通高职高专院校财政补助支出的比例"来测算。

三、教学条件指数

该指数用来衡量某区域高等职业教育的教学条件情况，具体用"该区域普通高校占地面积占全国普通高校占地面积的比例""该区域普通高校图书数量占全国普通高校图书数量的比例""该区域普通高校计算机数量占全国普通高校计算机数量的比例"和"该区域普通高校专任教师数量占全国普通高校专任教师数量的比例"来测算。

说明：限于统计数据的原因，考虑到一定区域内各高等教育院校教育水平发展的一致性，部分指标数据使用该区域普通高校指标来代表该区域高等教育院校教育水平。

表 5.1　区域高等职业教育水平测评指标

一级测量指标	二级测量指标
总体规模指数	该区域高等职业教育院校数量占全国高等职业教育院校数量的比例
	该区域普通高等职业教育（专科）毕业学生数量占全国普通高等职业教育（专科）毕业学生数量的比例
	该区域普通高校固定资产值占全国普通高校固定资产值的比例

一级测量指标	二级测量指标
经费收支 指数	该区域普通高职高专院校教育经费收入占全国普通高职高专院校教育经费收入的比例
	该区域普通高职高专院校教育经费支出占全国普通高职高专院校教育经费支出的比例
	该区域普通高职高专院校财政补助支出占全国普通高职高专院校财政补助支出的比例
教学条件指数	该区域普通高校占地面积占全国普通高校占地面积的比例
	该区域普通高校图书数量占全国普通高校图书数量的比例
	该区域普通高校计算机数量占全国普通高校计算机数量的比例
	该区域普通高校专任教师数量占全国普通高校专任教师数量的比例

第二节 省域视角下我国高等职业教育水平时空变化

根据 2012 年到 2020 年的《中国教育统计年鉴》和 2012 年到 2019 年《中国教育经费统计年鉴》中 31 个省（自治区、直辖市）的有关教育的原始数据，分别对表 5.1 中的指标进行计算，主要结果如下。

一、总体规模指数的时空分布

2011—2019 年 31 个省（自治区、直辖市）高等职业教育院校数量如表 5.2 所示，从全国来看，数量处于增长趋势，从 2011 年的 1280 所增长到 2019 年的 1432 所。从表 5.2 中可以看出，2011—2019 年江苏省的高等职业教育院校数量最多，从 2011 年的 80 所增长到 2019 年的 90 所。2011—2019 年西藏的高等职业教育院校数量最少，一直都是 3 所。2011—2019 年平均每一个省约有 46 所高等职业教育院校。

2019 年 31 个省（自治区、直辖市）高等职业教育院校数量合计有 1423 所院校，其中，超过 50 所的省（自治区、直辖市）从多到少依次是江苏、广东、河南、山东、安徽、湖南、四川、河北、湖北、江西、辽宁和福建；处于 20 所到 50 所的省（自治区、直辖市）从多到少依次是山西、浙江、云南、贵州、黑龙江、广西、重庆、陕西、内蒙古、新疆、甘肃、天津、北京、吉林和上海；处于 20 所以下的包括海南、宁夏、青海和西藏，分别是 12 所、11 所、8 所和 3 所。

表 5.2 2011—2019 年 31 个省（自治区、直辖市）高等职业教育院校数量（所）

地区	2011	2012	2013	2014	2015	2016	2017	2018	2019
北京	25	26	26	25	25	25	25	25	25
天津	26	26	26	26	26	25	27	26	26
河北	58	58	61	60	60	59	60	61	61
山西	47	48	49	48	48	47	47	50	49
内蒙古	33	33	34	35	36	36	36	36	36
辽宁	49	49	52	51	51	51	51	51	51
吉林	20	20	21	21	21	23	25	25	25
黑龙江	42	43	43	42	43	43	42	42	42
上海	31	32	32	31	29	26	26	25	25
江苏	80	82	82	83	85	89	90	90	90
浙江	47	47	46	47	48	48	48	48	49
安徽	71	74	73	74	75	74	74	74	74

地区	2011	2012	2013	2014	2015	2016	2017	2018	2019
福建	53	54	55	55	53	51	52	52	51
江西	49	51	52	53	55	56	57	59	58
山东	76	75	76	76	76	77	78	78	76
河南	70	73	77	77	77	74	79	84	84
湖北	56	56	56	56	59	60	61	60	60
湖南	74	75	75	73	73	72	73	73	74
广东	78	80	80	79	81	85	87	88	87
广西	40	39	38	37	35	37	38	39	40
海南	11	11	11	11	11	11	12	13	12
重庆	37	36	39	38	39	40	40	40	39
四川	48	52	55	57	58	58	58	68	74
贵州	23	24	26	29	32	37	41	43	43
云南	37	37	38	37	38	41	45	47	49
西藏	3	3	3	3	3	3	3	3	3
陕西	38	37	38	37	37	38	38	40	38
甘肃	23	22	21	22	23	27	27	27	27
青海	5	5	5	8	8	8	8	8	8
宁夏	9	8	8	10	10	10	11	11	11
新疆	21	21	23	26	26	28	29	32	36
总计	1280	1297	1321	1327	1341	1359	1388	1418	1423

　　下面通过选取2011年、2015年和2019年31个省（自治区、直辖市）高等职业教育院校数量占全国高等职业教育院校数量的比例情况，分析不同省（自治区、直辖市）高等职业教育院校的占比变化情况，如图5.1、图5.2和图5.3所示。

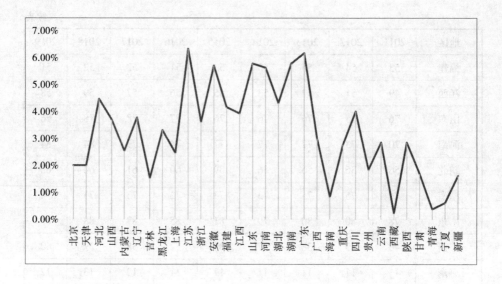

图 5.1 2011 年 31 个省（自治区、直辖市）高等职业教育院校数量占全国高等职业教育院校数量的比例

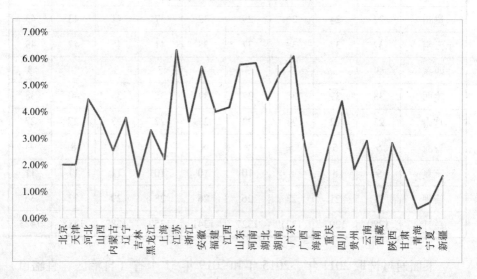

图 5.2 2015 年 31 个省（自治区、直辖市）高等职业教育院校数量占全国高等职业教育院校数量的比例

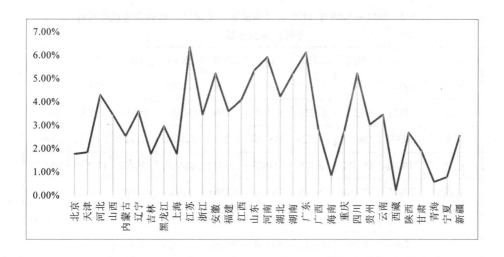

图 5.3　2019 年 31 个省（自治区、直辖市）高等职业教育院校数量占全国

高等职业教育院校数量的比例

从图 5.1 和 5.2 中可看出，2011 年和 2015 年 31 个省（自治区、直辖市）高等职业教育院校数量占全国高等职业教育院校数量的占比最大的是江苏省，占比最小的是西藏自治区。从图 5.3 中可看出，2019 年 31 个省（自治区、直辖市）高等职业教育院校数量占全国高等职业教育院校数量的占比最大的是江苏省，占比最小的是西藏自治区。

综合以上分析可以看出，2011—2019 年高等职业教育院校的占比最高和最低的省（自治区、直辖市）分别是江苏省和西藏自治区，但全国高等职业教育院校数量在增加。

进一步分析 2011—2019 年 31 个省（自治区、直辖市）高等职业教育（专科）毕业生数可以发现（具体情况如表 5.3 和图 5.4—5.5 所示）：

表 5.3　2011—2019 年 31 个省（自治区、直辖市）普通高等职业教育
（专科）毕业生数（人）

地区	2011	2012	2013	2014	2015	2016	2017	2018	2019
北京	89948	86948	79767	75837	78266	71105	63102	52145	49843
天津	67571	65335	67123	67501	72760	74361	75844	71830	67780
河北	232378	226938	231724	245322	223346	229546	215812	245431	259643
山西	110018	115582	125870	124629	139412	134674	120262	115579	100377
内蒙古	70115	76486	79119	88384	82280	79930	66493	66912	65807
辽宁	142137	133687	144813	147048	155883	140346	125991	129516	124353
吉林	87301	86791	82322	86458	95256	101921	90701	74267	77696
黑龙江	129412	119895	103303	105438	113182	112011	103878	89785	86743
上海	77917	70716	65581	63667	57918	59343	61692	61819	59944
江苏	314805	345178	319338	316340	317092	322610	316635	318227	308304
浙江	191721	184986	183142	194527	205522	210552	200747	189113	187714
安徽	185464	187930	199424	219143	203166	213955	214715	216013	199796
福建	110779	105067	112139	113103	111064	112280	113978	108887	93339
江西	159395	157232	158858	152157	150531	167038	208189	214013	205560
山东	376697	329993	332770	331277	330867	357231	440925	428916	399329
河南	349519	330716	329164	322088	332359	335694	341861	359925	376588
湖北	262783	250021	250963	263169	248209	239838	236006	212439	213933
湖南	228385	241551	218293	211974	208953	223420	235276	254443	271556
广东	301781	313597	313128	330542	380546	404925	442104	427594	415599
广西	126155	131251	144916	149101	156271	161429	179852	171539	180458
海南	28978	27020	27625	24780	27437	28127	29177	26461	27207
重庆	98161	96290	96508	109499	128798	126096	135910	135767	127669
四川	242641	220043	245074	266270	294970	301827	323746	295774	273902

续表

地区	2011	2012	2013	2014	2015	2016	2017	2018	2019
贵州	57919	56305	55546	59597	75726	71993	96427	113354	122472
云南	85797	92186	90971	101706	91759	105971	118622	128720	129562
西藏	4432	5175	5810	5129	5323	5221	6695	5837	5260
陕西	172892	173775	166673	167074	171914	170251	169730	173532	161785
甘肃	62368	63587	66418	71843	73524	69347	69640	66219	67535
青海	9715	6920	8049	7812	8288	8535	9618	10976	12129
宁夏	16202	16430	18845	21595	21123	21397	20960	19323	18961
新疆	43188	44576	50788	50153	61279	59950	61004	61930	61933
总计	4436574	4362207	4374064	4493163	4623024	4720924	4895592	4846286	4752777

（1）2019 年，广东省的普通高等职业教育（专科）毕业生人数最多，为 415599 人，接着是山东、河南、江苏、四川、湖南、河北、湖北和江西，处于 20 万人到 40 万人，然后是安徽、浙江、广西、陕西、云南、重庆、辽宁、贵州和山西，处于 10 万人到 20 万人以内，福建、黑龙江、吉林、天津、甘肃、内蒙古、新疆、上海、北京、海南、宁夏、青海和西藏的普通高等职业教育（专科）毕业生数都处于 10 万人以内，西藏的最少，为 5260 人。可见，我国各省（自治区、直辖市）的普通高等职业教育（专科）毕业生数量存在较大差异。

（2）如图 5.4 所示，从 2011 年到 2019 年，贵州、云南、新疆、广西、广东、重庆、江西、青海、湖南、西藏、宁夏、四川、河北、甘肃、河南、安徽、山东和天津的普通高等职业教育（专科）毕业生数量都有所增加，但是增加幅度有较大区别。贵州的增幅最大，从 2011 年的 57919 人增加到 2019 年的 122472 人，增幅为 111.45%，云南、新疆和广西的增幅也处于 40%—50% 的范围。可以发现，在此期间普通高等职业教育（专科）

毕业生数量增加的省（自治区、直辖市）要么是中西部地区，例如贵州、云南、新疆、广西、重庆、江西、青海、西藏、宁夏和甘肃，要么是人口多的省（自治区、直辖市），例如广东、湖南、四川、河北、河南和山东。

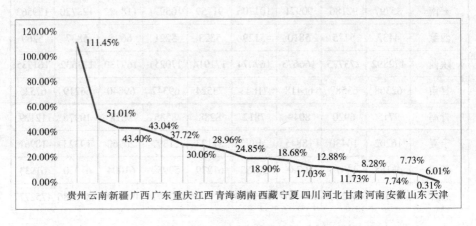

图 5.4   2011—2019 年普通高等职业教育（专科）毕业生数量增长的省

（自治区、直辖市）

（3）如图 5.5 所示，从 2011 年到 2019 年，北京、黑龙江、上海、湖北、福建、辽宁、吉林、山西、陕西、内蒙古、海南、浙江和江苏普通高等职业教育（专科）毕业生数量都有所减少，并且减少幅度依次降低。北京的普通高等职业教育（专科）毕业生数量减少的最多，从 2011 年的 89948 人降低到 2019 年的 49843 人，降低幅度为 44.59%，其次是黑龙江和上海，降低幅度分别为 32.97% 和 23.07%，湖北、福建和辽宁的降低幅度在 10% 到 20% 之间。可以发现，人口总体素质的提升（例如北京和上海）和总体规模的减少（例如黑龙江、辽宁和吉林）是导致这些省（自治区、直辖市）普通高等职业教育（专科）毕业生数量减少的主要原因。

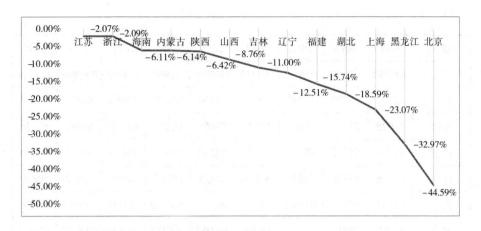

图5.5 2011—2019年普通高等职业教育（专科）毕业生数量减少的省

（自治区、直辖市）

其次，分析2011—2019年31个省（自治区、直辖市）高等教育专任教师数量可以发现，河南省的高等教育专任教师数量最多，西藏自治区的高等教育专任教师数量最少，具体情况如表5.4所示。

表5.4 2011—2019年31个省（自治区、直辖市）高等教育专任教师数量（人）

地区	2011	2012	2013	2014	2015	2016	2017	2018	2019
北京	61099	62379	68394	69931	70281	71523	71167	72519	73373
天津	30030	31030	31983	31945	31813	31153	31671	31853	33137
河北	63922	66255	67624	69389	70232	70951	73384	75966	79697
山西	39375	39934	42267	41769	41874	42442	42042	42727	43446
内蒙古	24415	24921	24828	25239	25792	26132	26629	27093	27602
辽宁	61334	62972	65127	66604	67478	66711	64515	63882	64346
吉林	37228	38765	39600	39804	40435	41111	41406	41527	41477
黑龙江	46885	47494	48226	48720	48166	48107	47479	47046	48205
上海	40661	41051	41151	41343	42334	43061	44220	45313	46970

续表

地区	2011	2012	2013	2014	2015	2016	2017	2018	2019
江苏	105590	107424	109046	105315	107837	110494	113543	116996	121239
浙江	53321	55199	57072	59035	60430	61170	63064	64153	67262
安徽	51925	53848	55644	57273	58866	60233	61015	61641	62926
福建	40359	41740	43368	44337	45239	44968	45639	46787	49350
江西	51466	51738	53328	55318	58155	56167	57151	58072	60839
山东	97352	98975	100667	102924	106217	108830	111855	113687	118394
河南	84888	88874	93107	96995	100052	104325	109553	115921	124547
湖北	80155	81779	82890	83859	84101	84193	84176	84076	85953
湖南	62198	63552	64845	65714	67341	69477	71006	73441	77293
广东	85751	90216	93841	97812	101449	103598	106890	110696	117219
广西	34478	36045	37437	38719	39691	41502	44325	46077	49160
海南	8094	8363	8543	8975	9115	9399	9698	10183	11179
重庆	34127	36368	37728	39560	40517	41212	42429	43700	46288
四川	69679	74665	78222	82779	85629	86994	85106	87922	90671
贵州	22169	23164	25719	28515	30894	33421	35398	36596	38095
云南	30447	32268	34494	35463	36992	38968	39316	40147	41547
西藏	2288	2369	2472	2601	2619	2467	2484	2629	2610
陕西	61347	63235	65910	66686	68119	67642	68356	69757	71602
甘肃	22461	23655	24820	25726	26576	27133	28869	29324	30139
青海	3897	3878	3951	4096	4300	4513	4843	4920	4937
宁夏	6222	6700	7181	7831	8063	8120	8272	8260	8497
新疆	20416	20829	21027	21771	22204	21165	21737	21750	22786
总计	1433579	1479685	1530512	1566048	1602811	1627182	1657238	1694661	1760786

二、经费收支指数的时空分布

经费收支指数主要包括普通高职高专学校教育经费收入、普通高职高专学校教育经费支出和普通高职高专学校教育财政补助支出三个方面。

2011—2018 年 31 个省（自治区、直辖市）普通高职高专学校教育经费收入情况如下表 5.5 所示。从表中可以看出，2011—2018 年广东省的普通高职高专学校教育经费收入最多，西藏自治区的普通高职高专学校教育经费收入最少。具体结果表现为以下两点。

表 5.5 2011—2018 年 31 个省（自治区、直辖市）普通高职高专学校
教育经费收入（千元）

地区	2011	2012	2013	2014	2015	2016	2017	2018
北京	3656164	4127057	4254982	4524571	4635984	3762201	4143482	4518861
天津	4756914	4405093	3112769	4024235	4463720	3757738	3637218	3568338
河北	5078322	5243116	5840182	5005890	5805326	6450499	7310392	8006120
山西	3193559	3904250	4957785	3714814	4093007	3978156	4285778	4882230
内蒙古	3858050	3564878	3414441	4198974	4531572	5268645	4964548	5254744
辽宁	3565391	4524335	4622418	4384607	4496037	4816170	5592557	4843955
吉林	1730444	2548569	2082002	1958770	2503235	2480482	2784097	3294653
黑龙江	2798561	2750529	3484968	3647707	3968134	4010805	3468512	4038555
上海	1999132	2209680	2805880	3357865	4114301	3833944	3892535	3899699
江苏	10431315	11595297	12244032	14703687	15466097	16147302	16313783	17971744
浙江	6644304	7513580	7486300	9211568	9818832	9950097	10460892	10669930
安徽	4576324	6113640	5163153	4718914	6786873	7648941	8923655	8955157
福建	3110018	3768299	4181631	4508441	6166940	4857884	5424686	5734363
江西	4775285	5035594	4793560	4557487	5045945	5067401	6372529	7239449

续表

地区	2011	2012	2013	2014	2015	2016	2017	2018
山东	8037690	8665530	9223539	9816266	10020044	11869534	13632693	14260532
河南	7781197	7879964	8337471	8290221	8990351	9618089	11954114	13315929
湖北	5545477	6522027	6675511	6065353	7777260	8492396	8690602	9340975
湖南	6727815	7558034	8098843	8131862	8038312	8274205	9996259	11365766
广东	11177489	11448376	12561676	13249405	16304711	18482246	19005664	20648240
广西	3368666	3699757	3828445	4278552	4978692	5012103	6545396	6663152
海南	823514	1300213	990223	1133008	1138447	1614405	1895256	1454966
重庆	3064127	3890480	4298295	3771171	4923797	7207834	6806702	6482818
四川	5605241	5908301	6784840	6973044	7061091	8295996	8614758	10977953
贵州	1786875	2013952	2504393	3099792	3515420	4508643	5264723	5515170
云南	2360325	3090554	3569283	2851080	3048450	3226610	3801649	4601920
西藏	212193	195307	294098	675358	571685	324563	394118	751322
陕西	3697896	3917525	4680543	5080376	5912979	5754633	6284577	6550712
甘肃	1593210	1833579	1987869	2115990	3499720	3896256	4076156	4648479
青海	226912	300381	304463	491564	572723	895412	892181	1365541
宁夏	937007	1005064	787847	796756	1019446	983765	1038898	1340702
新疆	1959507	1514374	1868030	2439377	3356788	3116055	2923014	3765833
总计	125078924	138047335	145239472	151776705	172625919	183603010	199391424	215927808

（1）2018 年，广东、江苏、山东、河南、湖南、四川和浙江的普通高职高专学校教育经费收入处于前列，位于 100 亿元到 200 亿元之间；次者是湖北、安徽、河北、江西、广西、陕西、重庆、福建、贵州和内蒙古，普通高职高专学校教育经费收入位于 50 亿元到 100 亿元之间；再次者是山西、辽宁、甘肃、云南、北京、黑龙江、上海、新疆、天津和吉林，普通高职高专学校教育经费收入位于 30 亿元到 50 亿元之间；最次者是海南、

青海、宁夏和西藏，它们的普通高职高专学校教育经费收入最低，均处于15 亿元以下。

（2）从增长幅度上来看，2011 年到 2018 年，除了天津之外，其他 30个省（自治区、直辖市）的普通高职高专学校教育经费收入都处于增长状态。如图 5.6 所示，青海、西藏、贵州和甘肃这四个西部省份（自治区）的普通高职高专学校教育经费收入增长幅度最大，分别达到 501.79%、254.07%、208.65% 和 191.77%，增加幅度较少的省区市包括北京、辽宁、内蒙古、宁夏和黑龙江，都在 50% 以内。

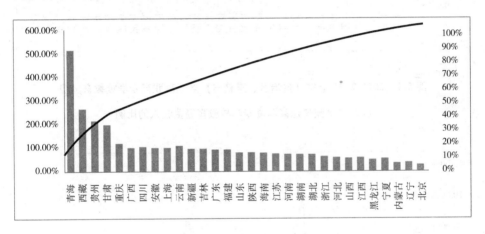

图 5.6　2011—2018 年 30 个省（自治区、直辖市）
普通高职高专学校教育经费收入增长幅度

为进一步研究 2011—2018 年 31 个省（自治区、直辖市）普通高职高专学校教育经费收入的变化情况，选取 2011 年、2014 年和 2018 年的普通高职高专学校教育经费收入数据进一步分析。具体变化情况如图 5.7、图5.8 和图 5.9 所示。

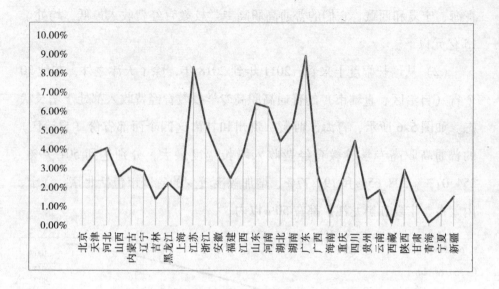

图 5.7 2011 年 31 个省（自治区、直辖市）普通高职高专学校教育经费

收入占全国普通高职高专学校教育经费收入的比例

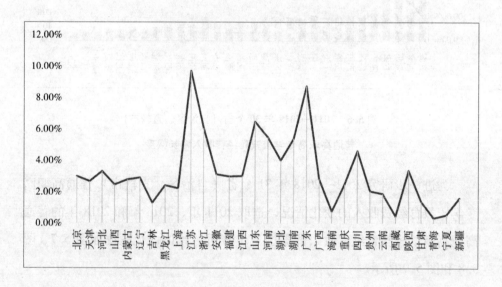

图 5.8 2014 年 31 个省（自治区、直辖市）普通高职高专学校教育经费

收入占全国普通高职高专学校教育经费收入的比例

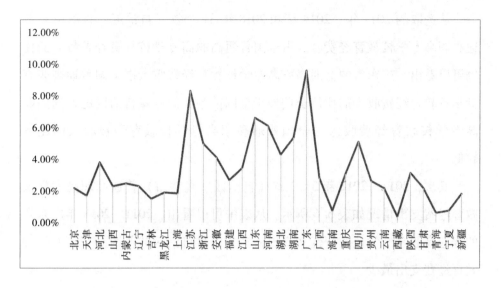

图 5.9　2018 年 31 个省（自治区、直辖市）普通高职高专学校教育经费

收入占全国普通高职高专学校教育经费收入的比例

从图 5.7 中可以看出，2011 年广东省的普通高职高专学校教育经费收入占全国普通高职高专学校教育经费收入的比例最大，西藏自治区的普通高职高专学校教育经费收入占全国普通高职高专学校教育经费收入的比例最小。

从图 5.8 中可以看出，2014 年江苏省的普通高职高专学校教育经费收入占全国普通高职高专学校教育经费收入的比例最大，青海省的普通高职高专学校教育经费收入占全国普通高职高专学校教育经费收入的比例最小。

从图 5.9 中可以看出，2018 年广东省的普通高职高专学校教育经费收入占全国普通高职高专学校教育经费收入的比例最大，西藏自治区的普通高职高专学校教育经费收入占全国普通高职高专学校教育经费收入的比例最小。

从选取的 2011 年、2014 年和 2018 年 31 个省（自治区、直辖市）普通高职高专学校教育经费收入占全国普通高职高专学校教育经费收入的比例可以看出，广东省的普通高职高专学校教育经费收入占全国普通高职高专学校教育经费收入的比例长期处于全国前列，而西藏自治区的普通高职高专学校教育经费收入占全国普通高职高专学校教育经费收入的比例较低。

其次，2011—2018 年 31 个省（自治区、直辖市）普通高职高专学校教育经费支出情况如表 5.6 所示。从表中可以看出，2011—2018 年广东省的普通高职高专学校教育经费支出最多，西藏自治区的普通高职高专学校教育经费支出最少。

表 5.6　2011—2018 年 31 个省（自治区、直辖市）普通高职高专学校教育经费支出（千元）

地区	2011	2012	2013	2014	2015	2016	2017	2018
北京	3845707	4183065	4259652	4643905	4425827	3944974	4011004	4324396
天津	4434348	4054352	3345750	3959530	4100046	3374919	3619914	3715234
河北	4720055	5211962	5833264	5014163	5744094	6415464	6939385	7864647
山西	2882103	3668693	4653146	3288368	3875269	3684887	4104092	4818289
内蒙古	3516879	3625522	3516804	3856401	4525559	4782969	5066186	4834143
辽宁	3372345	4445406	4562793	4092662	4379540	4442775	4954893	4734207
吉林	1695639	2300773	1966903	1648542	2299094	2152959	2411337	2817704
黑龙江	2736525	2792128	3429966	3557541	4007706	3829116	3417459	4003017
上海	2080973	2147858	2961164	3776349	4235282	3790555	3753178	3601958
江苏	10789448	11495710	11880142	13596753	14071856	15188275	16164434	17937359
浙江	6236621	7352534	7382995	8415377	9378135	9901165	10995458	10481189

续表

地区	2011	2012	2013	2014	2015	2016	2017	2018
安徽	4399938	5939564	4934407	4864724	5990047	6892778	8211480	8756257
福建	3320948	3638722	4232040	4251277	5148863	4447304	5298611	6347866
江西	3878125	4641485	5061232	4287256	4683247	4818850	5519084	6893982
山东	8475163	8755393	9401964	9250881	10006566	11134055	12643630	13573220
河南	7260551	7275850	8382739	7572863	8250118	8405106	10614476	12883383
湖北	5343478	6248833	6243163	5860064	7385183	7878734	8415424	9168211
湖南	6696330	7424240	7653520	6891785	7579581	8365124	9563006	11118190
广东	11120969	11469648	12225353	12781952	14898126	18049081	18888689	19843457
广西	3696544	3701806	4099145	4232444	4777885	4770751	6059096	6730950
海南	1060704	1305047	945996	1301733	1275690	1938917	1394335	1371575
重庆	3177543	4273031	4630280	3581454	4472034	6347337	5923827	6308482
四川	5825511	5717201	6625642	6254043	7138255	8230150	9353718	11442916
贵州	1777747	2047502	2221045	2632707	3270779	4094088	5274764	5175878
云南	2475797	3577819	3397908	3035572	2697906	3185079	3468847	4138888
西藏	212193	195307	304333	552487	521289	319424	342027	762763
陕西	3766568	3625886	4199717	4539725	5122966	5391935	5988818	6200917
甘肃	1483944	1856437	1993680	1835788	3550419	3702043	4471779	4582448
青海	225332	253860	299517	410548	484847	693526	761919	1330318
宁夏	1016742	1079613	861713	614805	964900	984732	848700	1071328
新疆	1872907	1373561	1926399	2432571	3169917	3020671	2923826	3719493
总计	123397677	135678808	143432372	143034270	162431026	174177743	191403396	210552665

2011—2018 年 31 个省（自治区、直辖市）普通高职高专学校教育财政补助支出情况如表 5.7 所示。从表中可以看出，2011—2018 年江苏省的普通高职高专学校教育财政补助支出最多，西藏自治区的普通高职高专学校教育财政补助支出最少。

表 5.7　2011—2018 年 31 个省（自治区、直辖市）普通高职高专学校教育财政补助支出（千元）

地区	2011	2012	2013	2014	2015	2016	2017	2018
北京	2500329	4183065	2512732	3891585	3626500	3150015	3289727	3459242
天津	3221556	4054352	1861034	2915335	3218433	2567920	2478574	2551298
河北	1814479	5211962	2522855	2572514	3342865	3585930	4593370	5084163
山西	1576413	3668693	2677270	2217021	2692443	2494793	2969954	3468314
内蒙古	1968791	3625522	2377932	2983956	3308598	3694697	3968240	3782147
辽宁	1584922	4445406	2374702	2569856	2856685	2937853	3413296	3438753
吉林	932837	2300773	936692	1092751	1758888	1589465	1685232	1929097
黑龙江	1468758	2792128	1603763	2104598	2634618	2378150	2310079	2388451
上海	413003	2147858	1194030	1877576	2196582	2357231	2443229	2407187
江苏	4160016	11495710	6312541	8356466	8869404	9850547	10495095	11892518
浙江	2519532	7352534	3065488	4963415	5761142	5804628	6170957	6112772
安徽	1853446	5939564	2280905	2593386	4007260	4969974	5889603	6517084
福建	796788	3638722	1217105	2027132	3242633	2539736	3268346	3695787
江西	1697440	4641485	2799061	2643246	3009480	3213677	3812348	4635261
山东	3804017	8755393	4710689	5379895	5772667	6646228	7847667	8752170
河南	3318422	7275850	3892782	4886740	5639300	6050459	7780415	9032835
湖北	2013185	6248833	3142307	3240454	4888287	5484927	5837663	6096162

续表

地区	2011	2012	2013	2014	2015	2016	2017	2018
湖南	2795901	7424240	4145289	4417808	4622204	5137148	6355746	6973633
广东	4528659	11469648	4925723	6136529	8484708	9922612	11208701	12010012
广西	1350033	3701806	1509712	2387768	3043418	2832596	3649227	3827783
海南	311024	1305047	450045	528589	677310	531212	538868	704731
重庆	1145807	4273031	1746062	1574668	2363995	3001464	3211384	3098560
四川	2607287	5717201	3224141	3737757	4143309	4294374	4942859	6808027
贵州	728297	2047502	1190537	1835834	2100298	3036224	3787149	3902453
云南	990187	3577819	1492302	1588672	1692349	1934291	2250961	2655941
西藏	187508	195307	264276	522191	521289	304104	323847	750655
陕西	1663120	3625886	2296235	2906023	3179840	3527314	3597516	3950913
甘肃	663844	1856437	932666	1216934	2632184	2929625	3332077	3668435
青海	135120	253860	205372	308084	354148	615619	679149	1192374
宁夏	541186	1079613	385671	423796	732897	774725	701874	854784
新疆	1250507	1373561	1196732	1745082	2434820	2397362	2270272	3073640
总计	54542414	135678808	69446651	85645661	103808554	110554900	125103425	138715182

三、教学条件指数的时空分布

教学条件指数主要包括普通高校占地面积占全国普通高校占地面积的比例、普通高校图书数量占全国普通高校图书数量的比例、普通高校计算机数量占全国普通高校计算机数量的比例和普通高校专任教师数量占全国普通高校专任教师数量的比例四方面。

2011—2019 年 31 个省（自治区、直辖市）普通高校占地面积情况如

表 5.8 所示。从表中可以看出，2011—2019 年山东省的普通高校占地面积最大，西藏自治区的普通高校占地面积最小。

2011—2019 年 31 个省（自治区、直辖市）普通高校图书数量情况如表 5.9 所示。从表中可以看出，2011—2019 年江苏省的普通高校图书数量最多，西藏自治区的普通高校图书数量最少。

2011—2019 年 31 个省（自治区、直辖市）普通高校计算机数量情况如表 5.10 所示。从表中可以看出，2011—2019 年江苏省的普通高校计算机数量最多，西藏自治区的普通高校计算机数量最少。

为进一步分析 2011—2019 年 31 个省（自治区、直辖市）普通高校计算机数量，选取 2011 年、2015 年和 2019 年的普通高校计算机数量为例，进一步探究，结果如图 5.10、图 5.11 和图 5.12 所示。

从图 5.10 可以看出，2011 年江苏省的普通高校计算机数量占全国普通高校计算机数量的比例最大，西藏自治区的普通高校计算机数量占全国普通高校计算机数量的比例最小。

从图 5.11 可以看出，2015 年江苏省的普通高校计算机数量占全国普通高校计算机数量的比例最大，西藏自治区的普通高校计算机数量占全国普通高校计算机数量的比例最小。

从图 5.12 可以看出，2019 年江苏省的普通高校计算机数量占全国普通高校计算机数量的比例最大，西藏自治区的普通高校计算机数量占全国普通高校计算机数量的比例最小。

表5.8 2011—2019 年 31 个省（自治区、直辖市）普通高校占地面积（平方米）

地区	2011	2012	2013	2014	2015	2016	2017	2018	2019
北京	41071572	41636412	42340698	53007417	45126983	46776440	47594250	47932874	48755985
天津	33027615	33709872	35290735	39462295	39524303	39689911	39763112	39830465	39829650
河北	65278907	66871616	67731310	68448807	69740115	71295384	75138577	73624082	74858856
山西	28038677	30708981	33841706	34388716	34517476	34891565	35532882	35323060	34288380
内蒙古	34534241	35135658	34072636	34677486	34618571	34890396	35524307	35719946	35428673
辽宁	59945864	61357592	65570790	66105221	67143474	67762035	67544976	67912287	68223369
吉林	37593568	38952745	40500069	41336997	42014282	43774648	44314075	43182084	41723256
黑龙江	55213138	56807687	57173845	58036944	60559803	59273148	59730492	58358950	59378422
上海	34394284	33344675	33568492	33548071	33338667	33467571	34018380	34794578	35307069
江苏	122276348	124365861	130224417	124048715	125957534	128624757	132134518	133883590	133988286
浙江	51776016	52930071	56581928	57287095	59385913	59498385	65216685	66559562	67547645
安徽	61276638	63384253	65572456	66488730	68055270	69918111	74089982	72624644	71107477
福建	46810465	49058621	49427186	46016711	47058897	48946103	49557377	51430983	52945161
江西	66329231	66103416	66543092	65600891	65929720	66900295	65293808	70131364	70392594
山东	123130879	121363578	126469606	129999033	132086285	133695630	135250070	136147084	137423483
河南	98379831	101982530	106124493	108406512	109464591	108375321	110793996	115758526	119254351

续表

地区	2011	2012	2013	2014	2015	2016	2017	2018	2019
湖北	85659095	86407733	88282335	87371239	90791150	91922681	91472404	91298577	91670946
湖南	70384607	71491768	73572018	72616573	74402484	74779439	74986178	75934765	77444670
广东	92667502	94208401	95416262	95187087	96542631	98023540	99876442	102220990	105467414
广西	38435958	43650001	41986998	42819916	43167850	44865697	50399969	51468560	56246883
海南	13313831	12881445	12694902	13092062	13076662	12895600	13108316	12757613	12141384
重庆	44947821	47486592	49088183	50543276	50364440	50505190	50476720	50251699	48979797
四川	78795618	81968970	86565023	91104284	90478961	91852543	92759433	92840040	93380320
贵州	30807981	30592200	35669425	38450330	40823248	43891127	43703479	44028492	42875970
云南	36676574	36681654	38415383	39890842	40326033	39155479	41280769	42805178	45323438
西藏	2916247	3207952	3244265	3244265	3284346	3489448	3510459	3848464	3831722
陕西	55093323	56426873	61924987	55868800	57692030	59776976	59771831	87073364	63489205
甘肃	24657446	24858790	26037655	26449961	27353287	33689049	35347553	33203416	32960427
青海	3991599	3871352	3871352	4300181	4620101	4750322	5595934	5307639	5294849
宁夏	11177083	10680553	10833644	11429074	11579662	11930861	12193369	12145875	12211045
新疆	29989328	32553849	32346981	35259284	37645522	39381606	40256107	37318357	41068602
总计	1578593298	1614683713	1670984885	1694487829	1716672304	1748691271	1786238466	1825719129	1822841346

表5.9 2011—2019年31个省（自治区、直辖市）普通高校图书数量（万册）

地区	2011	2012	2013	2014	2015	2016	2017	2018	2019
北京	9640	10473	10780	11127	11345	11311	11459	11684	12212
天津	4280	4462	4695	4838	4951	5062	5103	5084	5278
河北	8328	8770	9196	9532	9859	10262	10690	11128	11628
山西	4700	4866	5284	5467	5635	5800	5749	5891	6029
内蒙古	3053	3190	3287	3320	3436	3498	3586	3711	3803
辽宁	7459	7934	8338	8663	8947	9222	9399	9652	10069
吉林	5013	5394	5646	5872	6101	6280	6551	6579	6801
黑龙江	6388	6705	6962	7223	7406	7573	7742	7800	8117
上海	6362	6619	6784	6952	7118	7191	7285	7574	7840
江苏	14476	15146	15899	16668	16590	17309	17994	18631	19289
浙江	8263	8802	9291	9770	10292	10707	11180	11587	12096
安徽	7217	7601	7974	8236	8744	9150	9497	9739	10112
福建	5585	6085	6593	6847	7175	7353	7602	7793	8175
江西	7148	7444	7799	8265	8712	9305	9648	9974	10401
山东	14369	14921	15751	16157	16695	17277	17944	18217	18999
河南	11922	12507	13344	14063	14820	15753	16444	17562	18456

续表

地区	2011	2012	2013	2014	2015	2016	2017	2018	2019
湖北	11322	11864	12387	12630	12969	13478	13681	13868	14295
湖南	8951	9242	9636	9937	10336	10991	10976	11276	11905
广东	12048	12894	13444	14170	14965	15845	16572	17307	18373
广西	4618	4916	5158	5422	5734	5991	6395	6708	7459
海南	1210	1292	1392	1450	1529	1601	1662	1723	1816
重庆	4603	5043	5462	5982	6124	6396	6480	6734	7135
四川	9047	10047	10718	11455	11995	12316	12479	13143	13648
贵州	3033	3183	3580	3963	4104	4635	5081	5327	5234
云南	4134	4475	4906	5176	5465	5861	6144	6478	6782
西藏	286	304	338	345	360	386	399	409	420
陕西	8567	9120	9588	9848	10319	10691	11009	11287	11778
甘肃	2747	3104	3160	3356	3470	3737	3901	4040	4233
青海	445	455	473	509	533	554	608	683	713
宁夏	744	787	826	910	953	1076	1127	1171	1264
新疆	2373	2455	2611	2813	2884	2983	3110	3036	3079
总计	198326	210099	221301	230964	239564	249593	257499	265795	279458

表 5.10　2011—2019 年 31 个省（自治区、直辖市）普通高校计算机数量（台）

地区	2011	2012	2013	2014	2015	2016	2017	2018	2019
北京	558177	625838	654799	692303	709145	728238	738347	761444	794854
天津	170358	180272	194143	211014	221942	241420	255428	278837	284627
河北	302949	328949	355977	379899	393071	418892	437670	458360	474053
山西	134622	147269	166258	186279	203307	220000	229619	236106	243812
内蒙古	109525	121432	131013	144621	161894	172871	185861	197636	201593
辽宁	334645	365237	401907	429456	454230	475937	494842	508218	527470
吉林	198272	212087	233447	251515	275267	299689	315986	330845	343779
黑龙江	248301	267133	288474	307598	326020	338336	347337	347494	343396
上海	346176	376873	402753	423346	444642	465599	480328	495149	506310
江苏	754504	813000	864418	871108	922227	1011657	1089974	1152613	1167429
浙江	432599	469177	497365	524011	551826	580806	600999	616319	629428
安徽	241411	267966	296582	326559	362146	394465	414493	426177	439455
福建	243471	255053	279720	292242	316881	327391	351359	366051	373866
江西	269157	282402	294292	318463	329297	346612	369707	388556	389658
山东	502176	533082	569808	607944	643382	678337	703226	726710	759871
河南	393701	419667	479122	523189	566127	618110	670002	725221	741507

续表

地区	2011	2012	2013	2014	2015	2016	2017	2018	2019
湖北	466844	503337	525207	557214	583879	617251	631602	650050	682129
湖南	321021	341468	369717	392503	405629	424956	447981	477288	504480
广东	506561	558905	603966	658567	705348	759157	821987	869677	897604
广西	164103	182446	207351	226587	249829	270144	294602	324995	354096
海南	40328	45627	53019	55041	57967	63716	68960	73678	77707
重庆	190806	217546	239999	265704	281615	295417	307323	325044	336594
四川	334807	377568	428128	484175	517381	521426	536391	560966	578742
贵州	95499	107093	121995	137451	155034	183271	202931	209911	219222
云南	144468	159379	178091	191261	210087	222018	222280	236551	248970
西藏	8499	8028	11633	12069	13712	15152	18603	19915	22355
陕西	339261	359372	385885	422397	458610	481394	508219	538033	552510
甘肃	101004	111989	124546	136113	150130	168604	175589	179442	186741
青海	13736	15602	16006	17593	22015	25025	27246	31831	33348
宁夏	31486	36728	43330	46743	51582	55418	61569	66336	69930
新疆	73326	80102	96081	107327	111560	121205	134541	137242	138778
总计	8073804	8772639	9517045	10202306	10857797	11544630	12147019	12718713	13126333

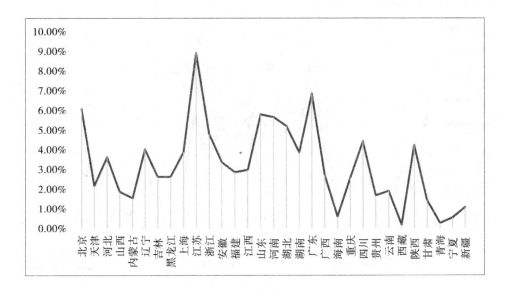

图 5.10　2011 年 31 个省（自治区、直辖市）普通高校计算机数量占全国

普通高校计算机数量的比例

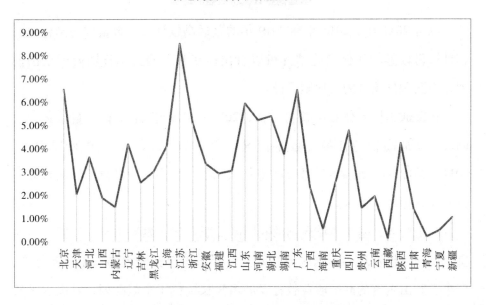

图 5.11　2015 年 31 个省（自治区、直辖市）普通高校计算机数量占全国

普通高校计算机数量的比例

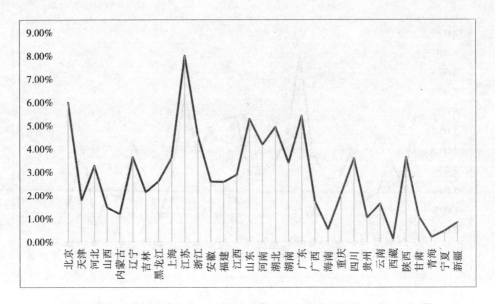

图 5.12   2019 年 31 个省（自治区、直辖市）普通高校计算机数量占全国
普通高校计算机数量的比例

综合 2011 年、2015 年和 2019 年的普通高校计算机数量占全国普通高校计算机数量的比例变化情况可以看出，江苏省的占比长期处于全国前列，而西藏自治区的占比则最低。

在普通高校专任教师数量方面，2011—2019 年 31 个省（自治区、直辖市）普通高校专任教师数量情况如表 5.11 所示。从表中可以看出，2011—2019 年江苏省的普通高校专任教师数量最多，西藏自治区的普通高校专任教师数量最少。

综上所述，基于省域数据的我国高等职业教育发展水平，我们进行时空对比与分析发现，不同区域之间的发展水平存在较大的差距。江苏省、广东省和山东省的高等职业教育发展水平长期位于全国前列，发展水平较高，而西藏自治区、青海省和宁夏回族自治区的高等职业教育发展水平较低。不同省（自治区、直辖市）的高等职业教育发展水平与地区的经济发展水平存在较强的联系。从不同省（自治区、直辖市）的高等职业教育发展水平结果来看，经济发展水平较高的地区的高等职业教育发展水平也比较高，而经济发展水平较低的地区的高等职业教育发展水平也较低。从这个结果来看，高等职业教育与经济发展水平紧密相关。

表 5.11　2011—2019 年 31 个省（自治区、直辖市）普通高校专任教师数量（人）

地区	2011	2012	2013	2014	2015	2016	2017	2018	2019
北京	59592	60852	66871	68380	70281	70013	69715	71095	71997
天津	28919	29929	30900	31008	31813	30509	31060	31362	32651
河北	62751	65043	66825	68578	70232	70447	72890	75454	79147
山西	37527	38124	40764	40317	41874	41301	40971	41910	42798
内蒙古	24160	24654	24554	25000	25792	25935	26408	26870	27382
辽宁	58742	60502	62706	64246	67478	64946	63157	62535	63149
吉林	35647	37022	38003	38549	40435	39823	40097	40328	40298
黑龙江	44821	45448	46215	46870	48166	46829	46278	46027	47245
上海	39626	40118	40297	40558	42334	42308	43484	44585	46278
江苏	103939	106023	108272	104549	107837	109846	112888	116350	120599
浙江	52296	54154	56000	58076	60430	60477	62357	63433	66734
安徽	51185	53108	54903	56525	58866	59479	60429	61089	62374
福建	39747	41119	42905	43902	45239	44751	45398	46555	49116
江西	49970	50205	52434	54429	58155	55550	56519	57440	60224
山东	94621	96058	98685	101380	106217	107748	110807	112717	117609
河南	82037	85982	90949	95134	100052	102725	108449	115353	123977
湖北	78952	80665	81784	82821	84101	83517	83507	83403	85276
湖南	61156	62541	63869	64919	67341	68726	70249	72689	76527
广东	82916	87402	91099	95193	101449	101160	104381	108222	114700
广西	33459	35027	36425	37680	39691	40421	43246	45211	48726
海南	8027	8290	8458	8894	9115	9306	9602	10082	11076

地区	2011	2012	2013	2014	2015	2016	2017	2018	2019
重庆	33110	35744	37130	38944	40517	40583	41708	42946	45537
四川	67448	73137	76795	81404	85629	85832	83949	86997	89796
贵州	21855	22803	25351	28144	30894	33087	35072	36243	37753
云南	29501	31322	34421	35396	36992	38924	39271	40102	41506
西藏	2288	2369	2472	2601	2619	2467	2484	2629	2610
陕西	59171	61500	64171	64970	68119	66133	66930	68459	70318
甘肃	22066	23232	24384	25283	26576	26731	28474	28939	29755
青海	3731	3717	3785	3920	4300	4340	4671	4746	4767
宁夏	6156	6632	7111	7759	8063	8044	8196	8185	8422
新疆	17256	17570	18327	19081	22204	20010	20601	20797	21798
总计	1394683	1442304	1498878	1536524	1604826	1603984	1635265	1674771	1742164

第三节　基于 TOPSIS 的综合测评结果与分析

采用规模指数、经费收支指数和教学条件指数，评价我国高等职业教育情况，分析其时空变化，能够识别出我国高等职业教育部分指标的具体变化。如果要想全面了解我国各个区域高等职业教育相对优劣的情况，应该采用经典的 TOPSIS 方法，对所有区域高等职业教育水平进行综合测度。

一、经典的 TOPSIS 方法

TOPSIS 方法是一种基于理想解的相似度偏好排序技术，由 Hwang 和 Yoon 在 1981 年提出。该方法基于两个概念：正理想解和负理想解。前者是所有评估方案中最好的，后者是最差的。一种方案越接近正理想解，其效果越好；相反，一种方案越接近负理想解，其效果越糟糕。

可以看出，经典的 TOPSIS 方法对没有评价标准、有多个评价因素的 MCDA 问题是有效的，因此，TOPSIS 方法适用于高等职业教育发展水平的评价。下面简单介绍经典 TOPSIS 法在高等职业教育发展水平评价中的应用。

用 m 代表参加高等职业教育发展水平评估的备选区域数，n 代表评估因素数。每个备选区域与准则的交点为 x_{ij}，$i = 1, 2, \cdots, m$；$j = 1, 2, \cdots, n$，得到评价矩阵：

$$X = \begin{bmatrix} x_{11} & \cdots & x_{1n} \\ \vdots & \cdots & \vdots \\ x_{m1} & \cdots & x_{mn} \end{bmatrix}_{m \times n} \tag{5.1}$$

为了降低不同维度的影响，将上述评价矩阵归一化为归一化矩阵：

$$R = \begin{bmatrix} r_{11} & \cdots & r_{1n} \\ \vdots & \cdots & \vdots \\ r_{m1} & \cdots & r_{mn} \end{bmatrix}_{m \times n} \tag{5.2}$$

其中，

$$r_{ij} = \frac{x_{ij}}{\sqrt{\sum_{i=1}^{m} x_{ij}^2}}, \quad i = 1, 2, \cdots, m; j = 1, 2, \cdots, n \tag{5.3}$$

得到归一化矩阵后，正理想解和负理想解定义如下：

定义 5.1：正理想解 A_b 由所有可选区域中最优因子值组成，即

$$A_b = \{\langle max(w_j r_{ij} \mid i = 1, 2, \cdots, m) \mid j \in J_+\rangle, \langle min(w_j r_{ij} \mid i = 1, 2, \cdots, m) \mid j \in J_-\rangle\} \equiv \{t_{bj}\} \tag{5.4}$$

式中 w_j 为第 j 个因子的权重，J_+ 为所有正因子的集合，J_- 为所有负因

子的集合。

定义 5.2：负理想解 A_w 由所有可选区域中最坏因子值组成，即

$$A_w = \{\langle min(w_j r_{ij} \mid i = 1, 2, \cdots, m) \mid j \in J_+\rangle, \langle max(w_j r_{ij} \mid i = 1,$$

$$2, \cdots, m) \mid j \in J_-\rangle\} \equiv \{t_{wj}\} \tag{5.5}$$

根据 A_b 和 A_w ，我们可以通过以下公式得到第 i 个备选地区高等职业教育发展水平的评价结果：

$$s_i = \frac{d_{iw}}{d_{iw} + d_{ib}} \tag{5.6}$$

式中，d_{ib} 和 d_{iw} 分别表示第 i 个备选区域的正理想解和正理想解的距离，即

$$d_{ib} = \sqrt{\sum_{j=1}^{n} (r_{ij} - t_{bj})^2}, \ i = 1, 2, \cdots, m \tag{5.7}$$

$$d_{iw} = \sqrt{\sum_{j=1}^{n} (r_{ij} - t_{wj})^2}, \ i = 1, 2, \cdots, m \tag{5.8}$$

根据评价结果，可以对各备选地区的高等职业教育发展水平进行排序。

二、主要结果与分析

通过应用 5.1 的 TOPSIS 方法，我们得到 2011—2019 年我国 31 个省（自治区、直辖市）高等职业教育发展综合水平，具体结果如表 5.12 所示。

为了更加明显地显示我国高等职业教育发展水平的时空变化，基于 ArcGIS 技术，我们用图 5.13~5.15 分别显示了 2011 年、2015 年和 2019 年测度的各省（自治区、直辖市）高等职业教育发展综合水平分布图，其中综合发展水平测度值位于 0.8~1.0 区域时，标识为 "很高"；测度值位于 0.6~0.8 区域时，标识为 "较高"；测度值位于 0.4~0.6 区域时，标识为

"一般";测度值位于 0.2~0.4 区域时,标识为"较低";测度值位于0.0~0.2 区域时,标识为"很低"。可以看出以下两个主要结论:

(1) 2011—2019 年,广东、江苏和山东三省的高等职业教育发展综合水平处于全国前列水平,其次是河南、湖北,以及后来居上的四川,辽宁、北京、河北、陕西、湖南、江西、浙江和安徽处于"一般"水平。西藏、青海和宁夏处于"很低"水平。

(2) 2011—2019 年,我国 31 个省(自治区、直辖市)高等职业教育发展综合水平差距呈现减少趋势。具体表现在中西部地区较低水平的省(自治区、直辖市)呈现增长趋势而中东部地区较高水平的省(自治区、直辖市)出现降低趋势。例如,从 2015 年开始,新疆、甘肃和贵州从"很低"水平上升到"较低"水平;四川从 2011 年的"一般"水平上升到 2019 年的"较高"水平;山东从 2011 年的"很高"水平降低到 2019年的"较高"水平;湖北从 2011 年的"较高"水平降低到 2019 年的"一般"水平。

表 5.12 2011—2019 年 31 个省(自治区、直辖市)高等职业教育发展综合水平

地区	2011	2012	2013	2014	2015	2016	2017	2018	2019
北京	0.454	0.450	0.448	0.456	0.424	0.387	0.380	0.375	0.375
天津	0.347	0.288	0.252	0.271	0.266	0.229	0.223	0.212	0.211
河北	0.506	0.519	0.517	0.478	0.480	0.469	0.479	0.487	0.493
山西	0.306	0.322	0.356	0.301	0.307	0.285	0.281	0.284	0.278
内蒙古	0.276	0.260	0.259	0.264	0.263	0.258	0.246	0.230	0.229
辽宁	0.429	0.454	0.456	0.429	0.424	0.403	0.403	0.384	0.382
吉林	0.240	0.255	0.239	0.230	0.242	0.237	0.238	0.230	0.228
黑龙江	0.358	0.350	0.349	0.342	0.346	0.323	0.306	0.296	0.295

地区	2011	2012	2013	2014	2015	2016	2017	2018	2019
上海	0.291	0.299	0.300	0.302	0.300	0.279	0.274	0.265	0.264
江苏	0.937	1.000	0.982	0.980	0.940	0.903	0.887	0.903	0.903
浙江	0.532	0.562	0.533	0.565	0.569	0.536	0.528	0.509	0.511
安徽	0.469	0.518	0.474	0.460	0.491	0.493	0.511	0.497	0.492
福建	0.343	0.367	0.359	0.354	0.375	0.330	0.341	0.341	0.339
江西	0.436	0.448	0.445	0.409	0.410	0.398	0.420	0.432	0.429
山东	0.821	0.810	0.806	0.769	0.757	0.751	0.786	0.775	0.776
河南	0.726	0.714	0.724	0.693	0.699	0.669	0.727	0.752	0.760
湖北	0.609	0.639	0.617	0.571	0.607	0.586	0.575	0.560	0.562
湖南	0.594	0.615	0.608	0.565	0.549	0.534	0.553	0.564	0.575
广东	0.828	0.845	0.827	0.827	0.875	0.875	0.876	0.878	0.885
广西	0.311	0.323	0.312	0.315	0.323	0.308	0.341	0.335	0.349
海南	0.068	0.081	0.063	0.063	0.061	0.069	0.069	0.059	0.058
重庆	0.296	0.334	0.328	0.301	0.321	0.343	0.333	0.315	0.313
四川	0.563	0.567	0.592	0.581	0.584	0.569	0.564	0.610	0.612
贵州	0.175	0.184	0.197	0.216	0.230	0.258	0.283	0.279	0.279
云南	0.253	0.285	0.276	0.258	0.251	0.256	0.269	0.278	0.284
西藏	0.004	0.000	0.004	0.012	0.007	0.000	0.000	0.001	0.001
陕西	0.435	0.431	0.444	0.430	0.434	0.416	0.414	0.435	0.410
甘肃	0.163	0.172	0.167	0.166	0.207	0.214	0.216	0.209	0.210
青海	0.012	0.011	0.010	0.020	0.020	0.027	0.027	0.029	0.030
宁夏	0.061	0.059	0.044	0.045	0.049	0.050	0.050	0.046	0.047
新疆	0.175	0.152	0.166	0.181	0.200	0.190	0.183	0.189	0.200

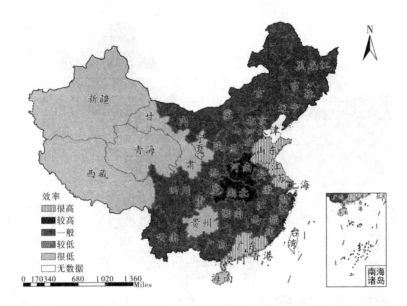

图 5.13 2011 年各省（自治区、直辖市）高等职业教育发展综合水平分布图

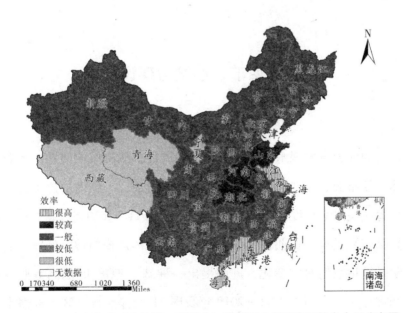

图 5.14 2015 年各省（自治区、直辖市）高等职业教育发展综合水平分布图

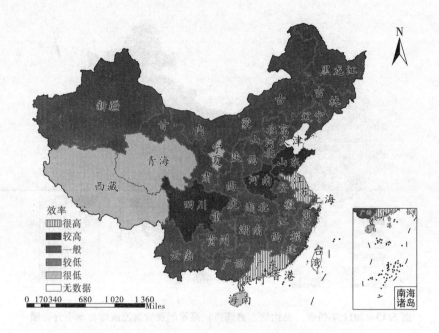

图 5.15　2019 年各省（自治区、直辖市）高等职业教育发展综合水平分布图

第四节　小结与建议

高等职业教育发展水平测评是一个多属性排队决策的问题。本章首先从总体规模指数、经费收支指数和教学条件指数三个维度构建了我国高等职业教育发展水平测度指标体系，然后依据 2011—2019 年 31 个省（自治区、直辖市）的高等职业教育数据，对比了总体规模指数、经费收支指数和教学条件指数的时空变化，进而提出一种基于 TOPSIS 的高等职业教育水平测评方法，得到了 2011—2019 年我国 31 个省（自治区、直辖市）高等职业教育发展综合水平。

从测评结果发现：我国各省（自治区、直辖市）的高等职业教育（院校）毕业生数量存在较大差异，人口总体素质的提升（如北京和上海）和总体规模的减少（如黑龙江、辽宁和吉林）是导致这些省（自治区、直辖市）高等职业教育（专科）毕业生数量减少的主要原因。江苏省、广东省和山东省的高等职业教育发展水平长期位于全国前列，发展水平较高，而西藏自治区、青海省和宁夏回族自治区的高等职业教育发展水平较低。经济发展水平较高的地区的高等职业教育发展水平也比较高，而经济发展水平较低的地区的高等职业教育发展水平也较低。建议各省（自治区、直辖市）要充分重视高等职业教育人才的培养，尤其是人口规模减小的区域。

第六章

不完全信息下我国高等职业教育发展水平测评方法

第五章使用的是统计年鉴数据，都是精确数据。在现实中，往往由于信息的不确定性，导致很难获得精确数据，如何在不完全信息下进行高等职业教育发展水平测度，学术界有待进行深入研究。为此，本书提出不完全信息下基于 TOPSIS 的高等职业教育发展水平测评方法，具体包括基于区间 TOPSIS 的方法和基于模糊 TOPSIS 的方法，是在该领域里的一个有益的探索。

第一节　基于区间 **TOPSIS** 的高等职业教育发展
水平测度方法

教育是积累人力资本最重要的方式之一，高等职业教育是整个教育体系的重要组成部分（Cao & Tran，2015）。高等职业教育的主要培养目标是通过为学生进行理论知识和技术技能的培训，从而为特定的生产和服务岗位培养专业的技术人员。高等职业教育具有职业化、专业化的特点，在人力资本的形成和积累中发挥着极其重要的作用。

教育、人才政策和社会环境的差异往往会导致区域人力资本水平和结构上的差异，进而导致区域经济发展的不平衡（wanchekon et al. , 2016），因此，对高等职业教育发展水平进行评估具有重要的现实意义。评估工作存在挑战，归因于以下三个特点：

（1）目前还没有一个统一的标准体系可以用来评估高等职业教育发展水平，这是因为一个国家的高等职业教育应该与该国的经济和社会发展相适应（Khairullina et al., 2015）。不适当的高等职业教育不能为一个国家的发展提供足够的劳动力，进而会影响到国家的社会经济发展。

（2）高等职业教育发展水平评估往往涉及人口背景、教育结构、教育资源和投资等不同维度的多个因素（Hoekstra & Crocker, 2015）。我们所知，在文献中很少有得到广泛认可的评价指标体系。

（3）由于现实世界的不确定性，评估因素的信息并不总是精确的，尤其是涉及一些主观指标时（Cao & Tran, 2015）。当很难或不可能获得精确的信息时，决策者不得不使用区间数来估计这些因素。如何基于区间信息，构建一个高等职业教育发展水平评价方法，在现有文献中的研究比较少。

在已有文献中，很少有涉及基于区间信息的定量评价方法。有一些研究虽然提出了有助于评估教学和评估绩效的方法（Saunders, 2012; Cervai et al., 2013; John, 2015; Hoekstra & Crocker, 2015），但没有一个是关于如何评估特定地区的高等职业教育发展水平的系统方法。

基于已有的研究进展，我们进一步将目标聚焦到如何根据当地经济和社会的发展，正确评估某个特定城市的高等职业教育发展水平。TOPSIS 法是一种多准则决策分析（MCDA）方法，已广泛应用于许多领域（Ignatius et al., 2012; Chen et al., 2015; Tavana et al., 2016; Wang et al., 2016）。经典 TOPSIS 方法被认为是一种解决 MCDA 问题的有效方法。遗憾的是，在现实世界中，高等职业教育发展水平的因子值往往包含着不完全信息，这些信息可以用区间数来表示。不同类型的决策者往往对区间数有不同的偏好，这可能会进一步影响评价结果。

因此，本节将区间比较方法与经典 TOPSIS 方法相结合，基于区间信息，对高等职业教育发展水平进行评价。区间代数是一个古老的学科（Sunaga，1958；More，1962），为了比较区间数，Ishibuchi 和 Tanaka（1990）定义了两个区间数之间的序关系。Sengupta 和 Pal（2000）定义了可接受度指标，并将该指标应用到区间线性规划中。在上述研究的基础上，我们考虑决策者对区间数的偏好，提出了基于偏好的区间比较方法，并将经典的 TOPSIS 方法扩展为区间 TOPSIS 方法，用于评价具有区间信息的高等职业教育发展水平。

这项工作的创新点：①引入了决策者偏好指数，并比较了在精确程度不同的区间下，决策者偏好对于决策影响程度的差异；②将基于偏好的指标与经典 TOPSIS 相结合，提出一个区间 TOPSIS 来评价区间信息下的高等职业教育发展水平；③通过应用实例说明了我们工作的有效性。

一、区间 TOPSIS 的测评方法

如果所有评价因子的值都是明确的，那么利用第五章中的经典 TOPSIS 方法就很容易确定评价结果。在现实世界中，由于不确定性的存在，这些因素的取值往往包含着不完全信息。此外，不同类型的决策者在面对不确定信息时往往有不同的偏好，这可能会对评价结果产生影响。

在本节研究中，我们将经典的 TOPSIS 方法扩展为一种基于区间 TOPSIS 的方法。首先建立一个基于偏好的区间数比较指标，然后将基于偏好的指标与经典 TOPSIS 方法相结合，提出基于区间的 TOPSIS 方法，以

评价信息不完全的高等职业教育发展水平。

（一）基于偏好的区间比较方法

正如前文中所提到的，已有文献为我们提供了很多区间比较方法，在本研究中，我们将 Sengupta 和 Pal 的方法与经典的 TOPSIS 方法相结合，建立了一个区间 TOPSIS 的方法来评估不完全信息下的高等职业教育发展水平。

对于一个评价因子信息不完全的情况，我们用一个区间数来表示因子值：

$$x_{ij} = \left[x_{ij}^{\ low}, \ x_{ij}^{\ up} \right] = \{ x_{ij} \mid x_{ij}^{\ low} \leq x_{ij} \leq x_{ij}^{\ up}, \ x_{ij} \in R \} \tag{6.1}$$

其中，$x_{ij}^{\ low}$ 和 $x_{ij}^{\ up}$ 分别为 x_{ij} 的下界和上界，显然，$x_{ij}^{\ low} \leq x_{ij}^{\ up}$。根据 Sengupta 和 Pal（2000）的方法，我们可以比较两个区间因子 x_{ij} 和 x_{jl} 的值：

$$\alpha(x_{ij} > x_{jl}) = \frac{m(x_{ij}) - m(x_{jl})}{w(x_{ij}) + w(x_{jl})} = \frac{\frac{1}{2}(x_{ij}^{\ low} + x_{ij}^{\ up}) - \frac{1}{2}(x_{jl}^{\ low} + x_{jl}^{\ up})}{\frac{1}{2}(x_{ij}^{\ up} - x_{ij}^{\ low}) + \frac{1}{2}(x_{jl}^{\ up} - x_{jl}^{\ low})}$$

$$\tag{6.2}$$

（6.2）式中，$\alpha(x_{ij} > x_{jl})$ 是 x_{ij} 与 x_{jl} 的比值，即区间数 x_{ij} 比 x_{jl} 大多少，$m(x_{ij})$ 和 $m(x_{jl})$ 分别是 x_{ij} 和 x_{jl} 的中点，$w(x_{ij})$ 和 $w(x_{jl})$ 分别是 x_{ij} 和 x_{jl} 的半宽。

Sengupta 和 Pal 的方法可以有效地比较两个区间数，但不能反映决策者的偏好。在现实世界中，决策者通常对不确定性有偏好，有的决策者是风险乐观型的，有的是风险消极型的，有的是风险中庸型的，如图 6.1 所示。这些不同的偏好可能会在信息不完全的情况下产生不同的高等职业教育发展水平评价结果。

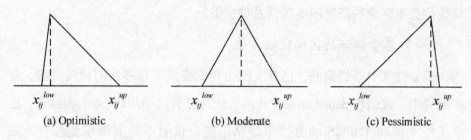

图6.1 决策者的偏好（乐观、中庸、消极）

为了在区间数中反映决策者的偏好，我们在（6.3）式中引入了乐观程度 γ ：

$$
\begin{aligned}
\beta(x_{ij} > x_{jl}) &= \frac{o(x_{ij}) - o(x_{jl})}{w(x_{ij}) + w(x_{jl})} \\
&= \frac{(\gamma x_{ij}^{low} + (1-\gamma) x_{ij}^{up}) - (\gamma x_{jl}^{low} + (1-\gamma) x_{jl}^{up})}{\frac{1}{2}(x_{ij}^{up} - x_{ij}^{low}) + \frac{1}{2}(x_{jl}^{up} - x_{jl}^{low}) + 1}
\end{aligned}
\tag{6.3}
$$

（6.3）式中 γ 为决策者的乐观程度，$0 \leqslant \gamma \leqslant 1$，越接近 0，越是风险乐观型；越接近 1，越是风险消极型。$o(x_{ij})$ 和 $o(x_{jl})$ 分别为 x_{ij} 和 x_{jl} 的带有决策者偏好下的首选中点。

（二）基于区间的 TOPSIS 方法

在本节中，基于偏好的区间比较方法与第五章中基于经典 TOPSIS 的方法相结合，建立了基于区间信息的高等职业教育发展水平评价的区间 TOPSIS 方法。

在不确定环境下，假设高等职业教育发展水平评价矩阵为区间矩阵如下：

$$
X = \begin{bmatrix} x_{11} & \cdots & x_{1n} \\ \vdots & \cdots & \vdots \\ x_{m1} & \cdots & x_{mn} \end{bmatrix}_{m \times n}
\tag{6.4}
$$

其中，$x_{ij} = [x_{ij}^{low}, x_{ij}^{up}]$，$i = 1, 2, \cdots, m$；$j = 1, 2, \cdots, n$。

为了处理（6.4）式中的区间值，我们用（6.3）式推导出相对值：

$$RV(x_{ij}) = \sum_{k=1, k \neq i}^{m} \beta(x_{ij} > x_{kj}) = \sum_{k=1, k \neq i}^{m} \frac{o(x_{ij}) - o(x_{kj})}{w(x_{ij}) + w(x_{kj})} \tag{6.5}$$

其中，

$$o(x_{ij}) = \gamma x_{ij}^{low} + (1 - \gamma) x_{ij}^{up} \tag{6.6}$$

$$o(x_{kj}) = \gamma x_{kj}^{low} + (1 - \gamma) x_{kj}^{up} \tag{6.7}$$

$$w(x_{ij}) = \frac{1}{2}(x_{ij}^{up} - x_{ij}^{low}) \tag{6.8}$$

$$w(x_{kj}) = \frac{1}{2}(x_{kj}^{up} - x_{kj}^{low}) \tag{6.9}$$

利用（5.2）式和（5.3）式将相对值归一化为：

$$\hat{R} = \begin{bmatrix} \dfrac{RV(x_{11})}{\sqrt{\sum_{i=1}^{m} RV(\bar{x}_{i1})^2}} & \cdots & \dfrac{RV(x_{1n})}{\sqrt{\sum_{i=1}^{m} RV(\bar{x}_{in})^2}} \\ \vdots & \cdots & \vdots \\ \dfrac{RV(x_{m1})}{\sqrt{\sum_{i=1}^{m} RV(\bar{x}_{i1})^2}} & \cdots & \dfrac{RV(x_{mn})}{\sqrt{\sum_{i=1}^{m} RV(\bar{x}_{in})^2}} \end{bmatrix}_{m \times n} \tag{6.10}$$

根据定义 5.1 和定义 5.2，可以得到具有区间信息的正理想解和负理想解（分别用 $\hat{\bar{A}}_b$ 和 $\hat{\bar{A}}_w$ 来表示）：

$$\hat{\bar{A}}_b = \{\langle max(w_j \frac{RV(\bar{x}_{ij})}{\sqrt{\sum_{i=1}^{m} RV(\bar{x}_{ij})^2}} \mid i = 1, 2, \cdots, m) \mid j \in J_+ \rangle,$$

$$\langle min(w_j \frac{RV(\bar{x}_{ij})}{\sqrt{\sum_{i=1}^{m} RV(\bar{x}_{ij})^2}} \mid i = 1, 2, \cdots, m) \mid j \in J_- \rangle \} \equiv \{\hat{\bar{t}}_{bj}\}$$

$$(6.11)$$

$$\hat{\bar{A}}_w = \{\langle min(w_j \frac{RV(\bar{x}_{ij})}{\sqrt{\sum_{i=1}^{m} RV(\bar{x}_{ij})^2}} \mid i = 1, 2, \cdots, m) \mid j \in J_+ \rangle,$$

$$\langle max(w_j \frac{RV(\bar{x}_{ij})}{\sqrt{\sum_{i=1}^{m} RV(\bar{x}_{ij})^2}} \mid i = 1, 2, \cdots, m) \mid j \in J_- \rangle \} \equiv \{\hat{\bar{t}}_{wj}\}$$

$$(6.12)$$

正理想解 $\hat{\bar{A}}_b$ 表示同一个指标下最优的区间数组合，负理想解 $\hat{\bar{A}}_w$ 表示同一个指标下最差的区间数组合。利用 $\hat{\bar{A}}_b$ 和 $\hat{\bar{A}}_w$，第 i 个具有区间信息的备选地区高等职业教育发展水平的评价结果可由下式得出：

$$\hat{\bar{s}}_i = \frac{\sqrt{\sum_{j=1}^{n} (w_j \frac{RV(\bar{x}_{ij})}{\sqrt{\sum_{i=1}^{m} RV(\bar{x}_{ij})^2}}_{ij} - \hat{\bar{t}}_{wj})^2}}{\sqrt{\sum_{j=1}^{n} (w_j \frac{RV(\bar{x}_{ij})}{\sqrt{\sum_{i=1}^{m} RV(\bar{x}_{ij})^2}} - \hat{\bar{t}}_{wj})^2} + \sqrt{\sum_{j=1}^{n} (w_j \frac{RV(\bar{x}_{ij})}{\sqrt{\sum_{i=1}^{m} RV(\bar{x}_{ij})^2}} - \hat{\bar{t}}_{bj})^2}}$$

$$(6.13)$$

根据评价结果 $\{\hat{\bar{s}}_i, i = 1, 2, \cdots, m\}$，我们可以利用区间信息对各备选地区高等职业教育发展水平进行排序。可以看出，评价结果 $\hat{\bar{s}}_i$ 处于 0 到 1 中间，越接近 1，说明该地区高等职业教育发展水平越高；越接近 0，说明该地区高等职业教育发展水平越低。

二、应用实例与结果分析

在本节中，我们通过一个应用实例来说明将基于区间 TOPSIS 的方法应用于不完全信息下的高等职业教育发展水平评估，以验证我们提出方法的有效性和优越性。

（一）分析数据

假设中国的某个省份想要对其 11 个城市 C_1，C_2，…，C_{11} 的高等职业教育发展水平进行评估，确定 4 个评价因素为主要指标：高等职业毕业生平均人数（记为 F_1）、平均受教育年限（记为 F_2）、高等职业教师平均人数（记为 F_3）、平均每年教育经费（记为 F_4）。根据这 11 个城市的情况，得到原始评估数据（即区间评价矩阵 $\tilde{X}$），如表 6.1 所示。

可以看出，所有的因素值都是用区间数来表示的，因此我们采用经典的多属性决策方法，无法判断哪个城市在高等职业教育发展方面优于其他城市。我们也不能直接使用经典的 TOPSIS 方法，因为经典的 TOPSIS 方法只有在所有的评估值都是精确的情况下才有效。

表 6.1　原始评估数据

城市	F_1（人数）	F_2（年）	F_3（人数）	F_4（万元）
C_1	［23000，25000］	［1.8，2.2］	［3000，3500］	［350，400］
C_2	［12000，14000］	［2.1，2.5］	［1200，1600］	［110，120］
C_3	［11000，15000］	［1.6，1.9］	［1400，1600］	［150，180］
C_4	［35000，38000］	［2.5，3.1］	［3200，3500］	［260，280］
C_5	［9000，10000］	［1.5，1.6］	［820，900］	［80，120］
C_6	［5000，6000］	［1.2，1.5］	［400，450］	［120，150］
C_7	［20000，22000］	［2.2，2.6］	［1100，1300］	［400，450］
C_8	［13000，15000］	［1.8，2.1］	［300，500］	［240，260］
C_9	［6000，7000］	［1.5，1.8］	［500，600］	［120，150］
C_{10}	［11000，13000］	［2.1，2.5］	［480，520］	［220，240］
C_{11}	［21000，23000］	［2.5，2.8］	［1200，1300］	［320，350］

（二）γ＝0.6 时的结果

如上节所分析，决策者的乐观程度 γ 对区间比较结果有影响，区间比较结果可能进一步影响评价结果。我们这里首先给出 γ＝0.6 时的结果，利用上节（6.5）式至（6.9）式可以得到原始评估数据的相对值，如表 6.2 所示。

表 6.2　γ＝0.6 时的相对值

城市	F_1	F_2	F_3	F_4
C_1	51.2090	−0.4539	65.9379	41.0106
C_2	−11.8236	1.9544	7.7130	−56.9427
C_3	−9.8337	−2.4669	23.9463	−20.7183
C_4	95.3611	5.4057	103.5455	23.0519
C_5	−39.9250	−4.2829	−14.9843	−38.7909
C_6	−71.5007	−5.7997	−65.4021	−31.7761
C_7	34.0183	2.7572	5.4606	54.7160
C_8	−6.0934	−0.8004	−43.8345	14.1116
C_9	−63.6067	−3.3001	−43.4996	−31.7761
C_{10}	−17.5538	1.9544	−58.5109	5.1712
C_{11}	39.7485	5.0321	19.6281	41.9427

表 6.2 中的相对值可以验证我们基于偏好的区间比较方法的有效性。如表 6.1 中 F_1 区间值为［35000，38000］的城市 C_4 是最好的，它的相对值是 95.3611，在 F_1 中也是最好的；表 6.1 中 F_1 区间值为［5000，6000］的城市 C_6 是最差的，它的相对值为−71.5007，在 F_1 中也是最差。然后利用（6.10）式对相对值进行归一化处理，结果如表 6.3 所示。

表 6.3 γ=0.6 时的归一化相对值

城市	F_1	F_2	F_3	F_4
C_1	0.3189	−0.0384	0.3951	0.3419
C_2	−0.0736	0.1654	0.0462	−0.4747
C_3	−0.0612	−0.2088	0.1435	−0.1727
C_4	0.5938	0.4575	0.6204	0.1922
C_5	−0.2486	−0.3625	−0.0898	−0.3234
C_6	−0.4453	−0.4909	−0.3919	−0.2649
C_7	0.2118	0.2334	0.0327	0.4562
C_8	−0.0379	−0.0677	−0.2626	0.1176
C_9	−0.3961	−0.2793	−0.2606	−0.2649
C_{10}	−0.1093	0.1654	−0.3506	0.0431
C_{11}	0.2475	0.4259	0.1176	0.3497

利用归一化相对值，通过 (6.11) 式和 (6.12) 式，我们可以确定正理想解和负理想解（这里假设各评价因子的权重相等）：

$$\hat{A}_b = \{0.1485, \ 0.1144, \ 0.1551, \ 0.1140\}$$

$$\hat{A}_w = \{-0.1113, \ -0.1227, \ -0.0980, \ -0.1187\}$$

最后，利用 (6.13) 式，我们可以得到表 6.4 中的评估结果。可以看出，当 γ=0.6 时，城市 C_4 的高等职业教育发展水平在全省最高，而城市 C_6 的高等职业教育发展水平最低。

表 6.4 γ=0.6 时的评估结果

城市	评估值	排名
C_1	0.6988	3
C_2	0.3989	7

城市	评估值	排名
C_3	0.3887	8
C_4	0.8755	1
C_5	0.2067	9
C_6	0.1005	11
C_7	0.6579	4
C_8	0.4026	6
C_9	0.1640	10
C_{10}	0.4094	5
C_{11}	0.7078	2

（三）不同乐观程度下的结果

使用以上类似过程，我们可以得到不同乐观程度的评估值，如表 6.5 所示。图 6.2 显示了评估结果的差异分析，可以看出，乐观程度对评估结果有一定影响，而这种影响也有一定的异质性。原始数据如果区间范围较大，也就是说不确定程度越大，乐观程度的影响就相对越大。例如，这个例子中，城市 C_4、C_{11}、C_3、C_5 和 C_6 的原始数据区间跨度较大，因此乐观程度 γ 对评估结果的影响就相对较大；而城市 C_1、C_7、C_2 和 C_8 原始数据区间跨度较小，因此乐观程度 γ 对评估结果的影响就相对较小。

表 6.5　不同乐观程度下评估结果的评估值

城市	乐观程度（γ）						
	0	0.2	0.4	0.5	0.6	0.8	1
C_1	0.7022	0.7010	0.6999	0.6993	0.6988	0.6959	0.6839
C_2	0.3965	0.3973	0.3981	0.3985	0.3989	0.3994	0.3985
C_3	0.3987	0.3953	0.3919	0.3903	0.3887	0.3848	0.3777

城市	乐观程度（γ）						
	0	0.2	0.4	0.5	0.6	0.8	1
C_4	0.8614	0.8660	0.8707	0.8731	0.8755	0.8805	0.8837
C_5	0.2013	0.2015	0.2032	0.2047	0.2067	0.2118	0.2173
C_6	0.1184	0.1127	0.1067	0.1036	0.1005	0.0940	0.0865
C_7	0.6612	0.6602	0.6591	0.6585	0.6579	0.6560	0.6510
C_8	0.4020	0.4021	0.4022	0.4024	0.4026	0.4025	0.3999
C_9	0.1720	0.1691	0.1664	0.1651	0.1640	0.1616	0.1583
C_{10}	0.4041	0.4058	0.4076	0.4085	0.4094	0.4109	0.4110
C_{11}	0.6940	0.6988	0.7035	0.7057	0.7078	0.7116	0.7152

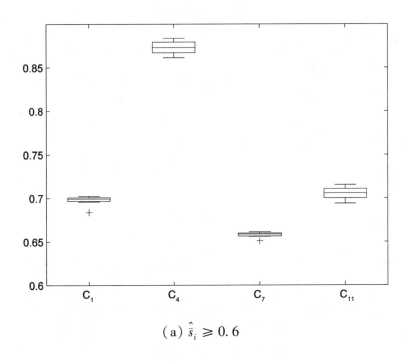

（a）$\hat{\bar{s}}_i \geqslant 0.6$

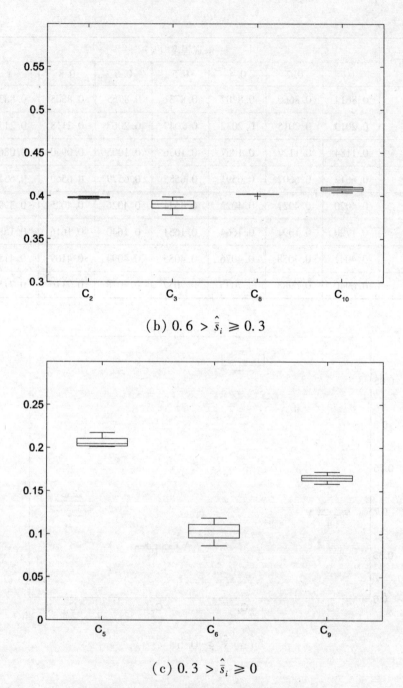

(b) $0.6 > \hat{\bar{s}}_i \geqslant 0.3$

(c) $0.3 > \hat{\bar{s}}_i \geqslant 0$

图 6.2 不同乐观程度下评估结果的差异分析

从表 6.5 和图 6.2 的结果中，我们可以得到以下观察结果。

（1）根据评估结果，11 个城市的高等职业教育发展水平可分为三类：城市 C_1、C_4、C_7 和 C_{11} 的评估值大于 0.6，所以这四个城市，尤其是 C_4 的高等职业教育发展水平相对较好；城市 C_2、C_3、C_8 和 C_{10} 的评价值在 0.3 到 0.6 之间，处于平均水平；城市 C_5、C_6 和 C_9 的评估值均在 0.3 以下，因此这三个城市处于较低的水平。

（2）决策者的乐观程度确实会对评估值产生影响，甚至会改变评估顺序。例如，当 $\gamma = 0$ 和 $\gamma = 0.2$ 时，C_1 的水平比 C_{11} 好，但当 $\gamma \geq 0.4$ 时，前者的水平比后者差；当 $\gamma = 0$ 时，C_3 比 C_2 处于更好的水平，但当 $\gamma \geq 0.2$ 时，前者比后者处于更差的水平。这一观察结果验证了决策者偏好的影响，也说明了基于偏好的区间比较方法与经典 TOPSIS 方法相结合的合理性。

（3）决策者的乐观程度对评价结果的影响随评价数据的不确定性程度而变化。评价数据的不确定性越大，决策者的乐观程度对评价结果的影响越大。如图 6.2 所示，城市 C_4、C_{11}、C_3、C_5 和 C_6 的评价值，受决策者乐观程度的影响较大，其他城市，尤其是城市 C_2 和 C_8 的评价值，受决策者乐观程度的影响较小。这一观察给了我们一个启示：决策者应该尽量减少评估过程中的不确定性，最大限度地减少其偏好的影响。

第二节 基于模糊 TOPSIS 的高等职业教育发展水平测度方法

对某一特定地区的高等职业教育发展水平进行评价（测度某一特定地

区的高等职业教育发展水平）具有重要的现实意义，但在模糊信息下有效的测度方法在文献资料中却鲜有报告。基于这一现实挑战，本节提出了一种模糊 TOPSIS 方法（Technique for Order of Preference by Similarity to Ideal Solution）来评估高等职业教育发展水平。首先，为了解决决策者对区间数的偏好，本节提出了一种基于偏好的模糊数比较方法，并将其与经典 TOPSIS 方法相结合，形成了一种模糊 TOPSIS 方法。其次，通过一个应用实例说明了该研究方法的有效性，并观察了决策者的偏好对测度结果的影响，同时还提出了改进现实世界中评估过程的几点见解。本节提出的基于模糊 TOPSIS 的方法和上节提出的基于区间 TOPSIS 方法，是对现有文献精确评价方法的重要扩展，能够处理不完全信息下的高等职业教育发展水平问题。

教育是积累人力资本最重要的方式之一，高等职业教育是整个教育体系的重要组成部分（Cao & Tran，2015）。高等职业教育的主要培养目标是通过对学生进行理论知识和技术技能的培训，从而为特定的生产和服务岗位培养专业的技术人员。因此，高等职业教育具有职业化、专业化的特点，在人力资本的形成和积累中发挥着极其重要的作用。

教育、人才政策和社会环境的差异往往会导致区域人力资本水平和结构上的差异，进而导致区域经济发展不平衡（Wantchekon et al.，2016），因此，对高等职业教育发展水平进行测度具有重要的现实意义。测度工作存在挑战归因于以下三个特点。

（1）目前还没有任何一个标准可以作为测度高等职业教育发展水平的参考，这是因为一个国家的高等职业教育应该符合该国的经济和社会发展（Khairullina et al.，2015）。不适当的高等职业教育不能为一个国家的发展提供足够的劳动力，进而会影响到社会经济的发展。

（2）测度通常会涉及不同维度的各种因素，如人口背景、教育结构、教育资源和投资等（Hoekstra & Crocker，2015）。我们所知，在文献中很少有得到广泛认可的评价指标体系。

（3）由于现实世界的不确定性，测度因素的信息并不总是精确的（Cao 和 Tran，2015）。如果很难或不可能获得精确的信息时，决策者必须使用模糊数来估计这些因素。

在已有文献中，很少有在模糊信息下定量评价测度方法的相关记录。有一些研究有助于评估教学和评估绩效的方法（Saunders，2012；Cervai et al.，2013；John，2015；Hoekstra & Crocker，2015），但其中没有一个是关于如何评估和测度特定地区的高等职业教育发展水平的系统方法。

在这些实际观察的推动下，如何根据当地社会经济的发展状况，正确评估和测度高等职业教育的发展水平成为我们关注的焦点。基于与理想解相似性的偏好排序技术（TOPSIS）是一种多准则决策分析方法，已被广泛应用（Ignatius et al.，2012；Chen et al.，2015；Tavana et al.，2016；Wang et al.，2016）。当所有数据都是明确数值时，经典 TOPSIS 方法被认为是一种解决 MCDA 问题的有效方法。遗憾的是，在现实生活中，高等职业教育发展水平的因子值往往包含着不完全信息，这些信息可以用模糊数来表示。同时，不同类型的决策者往往对模糊数有不同的偏好，这可能会进一步影响测度和评价结果。

因此，本节提出了一种模糊数比较方法，并将其与经典 TOPSIS 方法相结合，对信息不完全的高等职业教育发展水平进行了测度。本书的创新点：①在考虑决策者偏好的情况下，提出了一种基于偏好的区间数比较指标；②将 α-cut 技术引入基于偏好的指标，形成模糊数比较方法；③将所提出的模糊数比较方法与经典 TOPSIS 方法相结合，提出了一种用于测度和评估不完全信息下高等职业教育发展水平的模糊 TOPSIS 方法；④通过一个应用实例说明了我们工作的有效性，并提出一些建议。

一、基于模糊 TOPSIS 的方法

如果所有评价因子的值都是明确的，那么利用第五章的经典 TOPSIS 方法就很容易确定评价结果。然而，在现实世界中，由于不确定性的存在，评价高等职业教育发展水平的因子值往往包含着不完全信息。此外，不同类型的决策者在面对不确定信息时往往有不同的偏好，这可能会对评价结果产生影响。

在本节研究中，我们将经典的 TOPSIS 方法扩展为一种基于模糊 TOPSIS 的方法，提出了一个基于偏好的区间数比较指标，并将 α-cut 技术与基于偏好的指标相结合，建立了一种基于模糊 TOPSIS 的方法，利用模糊信息来评测高等职业教育发展水平。

（一）一种比较模糊数的新方法

在本节中，我们使用 α-cut 技术和基于偏好的区间比较方法来开发一种比较模糊数的新方法。

模糊数 $\widetilde{x}_{ij} = (a, b, c; 1)$ 是具有以下隶属函数的全集 R 的模糊子集：

$$\mu_{x_{ij}}(x) = \begin{cases} \dfrac{x-a}{b-a}, & a \leq x \leq b \\ \dfrac{c-x}{c-b}, & b \leq x \leq c \\ 0, & \text{otherwise} \end{cases} \tag{6.14}$$

其中，a，b 和 c 都是精准的数字，并且 $a < b < c$。

基于 α-cut 的模糊数比较方法的基本思想是首先将模糊数转换为区间数，然后对切割后的区间数进行比较。α-cut 的方法在现有研究中已经得到了较为广泛的应用，基本思想是把模糊数转换为区间数。

对于模糊数 $\tilde{x}_{ij} = (a, b, c; 1)$，$\tilde{x}_{ij}$ 的 α -cut（用 $\tilde{x}_{ij}^{\alpha}$ 表示）是一个明晰集，即：

$$\tilde{x}_{ij}^{\alpha} = \begin{cases} \{x \mid \mu_{x_{ij}}(x) \geqslant \alpha, \ x \in R\}, & 0 < \alpha \leqslant 1 \\ [a, c], & \alpha = 0 \end{cases} \qquad (6.15)$$

其中，α 表示切割水平。

那么，对于一个模糊数 $\tilde{x}_{ij} = (a, b, c; 1)$，左边的 α -cut 值 $\tilde{x}_{ij}$ 是 a 和 b 之间隶属度等于 α 的值，即 $(b-a)\alpha + a$，右边的 α -cut 值 $\tilde{x}_{ij}$ 是 b 和 c 之间隶属度等于 α 的值，即 $c - (c-b)\alpha$。由于 $\tilde{x}_{ij}$ 的隶属函数在 $[a, b]$ 上严格递增，且在 $[b, c]$ 上严格递减，$\tilde{x}_{ij}$ 的左右 α -cuts 是唯一的值，因此，$\tilde{x}_{ij}$ 的 α -cut 区间值（用 $\bar{\tilde{x}}_{ij}^{\alpha}$ 表示）也是唯一的区间数，即

$$\bar{\tilde{x}}_{ij}^{\alpha} = [(b-a)\alpha + a, \ c - (c-b)\alpha] \qquad (6.16)$$

利用（6.13）式，可以将模糊数 $\tilde{x}_{ij}$ 转化为区间数。然后，我们可以使用上节中提出的基于偏好的区间比较方法来比较模糊数。

对于两个模糊值 $\tilde{x}_{ij} = (a_1, b_1, c_1; 1)$ 和 $\tilde{x}_{kl} = (a_2, b_2, c_2; 1)$，$\tilde{x}_{ij}$ 和 $\tilde{x}_{kl}$ 可以分别转化为两个区间数。

$$\bar{\tilde{x}}_{ij}^{\alpha} = [(b_1 - a_1)\alpha + a_1, \ c_1 - (c_1 - b_1)\alpha] \qquad (6.17)$$

$$\bar{\tilde{x}}_{kl}^{\alpha} = [(b_2 - a_2)\alpha + a_2, \ c_2 - (c_2 - b_2)\alpha] \qquad (6.18)$$

其中，$0 \leqslant \alpha \leqslant 1$。

根据（6.5）式至（6.9）式，我们可以比较 $\tilde{x}_{ij}$ 和 $\tilde{x}_{kl}$。

$$\delta(\bar{\tilde{x}}_{ij}{}^{\alpha} > \bar{\tilde{x}}_{kl}{}^{\alpha}) = \frac{o(\bar{\tilde{x}}_{ij}{}^{\alpha}) - o(\bar{\tilde{x}}_{kl}{}^{\alpha})}{w(\bar{\tilde{x}}_{ij}{}^{\alpha}) + w(\bar{\tilde{x}}_{kl}{}^{\alpha}) + 1} \tag{6.19}$$

其中,

$$o(\bar{\tilde{x}}_{ij}{}^{\alpha}) = \gamma((b_1 - a_1)\alpha + a_1) + (1 - \gamma)(c_1 - (c_1 - b_1)\alpha) \tag{6.20}$$

$$o(\bar{\tilde{x}}_{kl}{}^{\alpha}) = \gamma((b_2 - a_2)\alpha + a_2) + (1 - \gamma)(c_2 - (c_2 - b_2)\alpha) \tag{6.21}$$

$$w(\bar{\tilde{x}}_{ij}{}^{\alpha}) = \frac{1}{2}((c_1 - (c_1 - b_1)\alpha) - ((b_1 - a_1)\alpha + a_1)) \tag{6.22}$$

$$w(\bar{\tilde{x}}_{kl}{}^{\alpha}) = \frac{1}{2}((c_2 - (c_2 - b_2)\alpha) - ((b_2 - a_2)\alpha + a_2)) \tag{6.23}$$

(二) 基于模糊 TOPSIS 的方法

在本节中, 我们将模糊数比较方法与第五章中的经典 TOPSIS 方法相结合, 开发了一种基于模糊 TOPSIS 的方法, 用于不完全信息下的高等职业教育发展水平评测。

在不确定环境下, 高等职业教育发展水平评测矩阵是一个模糊矩阵, 可以表示为:

$$\tilde{X} = \begin{bmatrix} \tilde{x}_{11} & \cdots & \tilde{x}_{1n} \\ \vdots & \cdots & \vdots \\ \tilde{x}_{m1} & \cdots & \tilde{x}_{mn} \end{bmatrix}_{m \times n} \tag{6.24}$$

其中, $\tilde{x}_{ij} = (x_{ij}^{low}, x_{ij}^{mid}, x_{ij}^{up})$, $i = 1, 2, \cdots, m$; $j = 1, 2, \cdots, n$。

为了处理 (6.24) 式中的模糊值, 我们使用 (6.19) 式至 (6.23) 式来得出一个相对值:

$$RV(\tilde{x}_{ij}) = \sum_{k=1,\,k\neq i}^{m} \delta(\tilde{x}_{ij}^{\,\alpha} > \tilde{x}_{kj}^{\,\alpha}) = \sum_{k=1,\,k\neq i}^{m} \frac{o(\tilde{x}_{ij}^{\,\alpha}) - o(\tilde{x}_{kj}^{\,\alpha})}{w(\tilde{x}_{ij}^{\,\alpha}) + w(\tilde{x}_{kj}^{\,\alpha}) + 1} \qquad (6.25)$$

然后，我们将相对值进行标准化，得到：

$$\hat{\tilde{R}} = \begin{bmatrix} \dfrac{RV(\tilde{x}_{11})}{\sqrt{\sum_{i=1}^{m} RV(\tilde{x}_{i1})^2}} & \cdots & \dfrac{RV(\tilde{x}_{1n})}{\sqrt{\sum_{i=1}^{m} RV(\tilde{x}_{in})^2}} \\ \vdots & \cdots & \vdots \\ \dfrac{RV(\tilde{x}_{m1})}{\sqrt{\sum_{i=1}^{m} RV(\tilde{x}_{i1})^2}} & \cdots & \dfrac{RV(\tilde{x}_{mn})}{\sqrt{\sum_{i=1}^{m} RV(\tilde{x}_{in})^2}} \end{bmatrix}_{m \times n} \qquad (6.26)$$

基于定义 5.1 和定义 5.2，可以通过以下方式得到具有模糊信息的正

理想解和负理想解（分别用 $\hat{\tilde{A}}_b$ 和 $\hat{\tilde{A}}_w$ 表示）：

$$\hat{\tilde{A}}_b = \{ \langle max(w_j \frac{RV(\tilde{x}_{ij})}{\sqrt{\sum_{i=1}^{m} RV(\tilde{x}_{ij})^2}} \mid i = 1,\ 2,\ \cdots,\ m) \mid j \in J_+ \rangle,$$

$$\langle min(w_j \frac{RV(\tilde{x}_{ij})}{\sqrt{\sum_{i=1}^{m} RV(\tilde{x}_{ij})^2}} \mid i = 1,\ 2,\ \cdots,\ m) \mid j \in J_- \rangle \} \equiv \{\hat{\tilde{t}}_{bj}\}$$

$$(6.27)$$

$$\hat{\tilde{A}}_w = \{ \langle min(w_j \frac{RV(\tilde{x}_{ij})}{\sqrt{\sum_{i=1}^{m} RV(\tilde{x}_{ij})^2}} \mid i = 1,\ 2,\ \cdots,\ m) \mid j \in J_+ \rangle,$$

$$\langle max(w_j \frac{RV(\widetilde{x}_{ij})}{\sqrt{\sum_{i=1}^{m} RV(\widetilde{x}_{ij})^2}} \mid i = 1, 2, \cdots, m) \mid j \in J_- \rangle \equiv \{\widehat{\widetilde{t}}_{wj}\}$$

$$(6.28)$$

通过 $\widehat{\widetilde{A}}_b$ 和 $\widehat{\widetilde{A}}_w$，可以得到模糊信息下第 i 个备选区域高等职业教育发展水平的评测结果如下：

$$\widehat{\widetilde{s}}_i = \frac{\sqrt{\sum_{j=1}^{n} (w_j \frac{RV(\widetilde{x}_{ij})}{\sqrt{\sum_{i=1}^{m} RV(\widetilde{x}_{ij})^2}_{ij}} - \widehat{\widetilde{t}}_{wj})^2}}{\sqrt{\sum_{j=1}^{n} (w_j \frac{RV(\widetilde{x}_{ij})}{\sqrt{\sum_{i=1}^{m} RV(\widetilde{x}_{ij})^2}} - \widehat{\widetilde{t}}_{wj})^2} + \sqrt{\sum_{j=1}^{n} (w_j \frac{RV(\widetilde{x}_{ij})}{\sqrt{\sum_{i=1}^{m} RV(\widetilde{x}_{ij})^2}} - \widehat{\widetilde{t}}_{bj})^2}}$$

$$(6.29)$$

根据评测结果 $\{\widehat{\widetilde{s}}_i, i = 1, 2, \cdots, m\}$，我们可以利用模糊信息对所有备选区域按照其高等职业教育发展水平进行排序。可以看出，评测结果 $\widehat{\widetilde{s}}_i$ 处于 0 到 1 中间，越接近 1，说明该地区高等职业教育发展水平越高；越接近 0，说明该地区高等职业教育发展水平越低。

二、应用实例与结果分析

在本节中，我们通过一个应用实例来说明将基于模糊 TOPSIS 的方法应用于不完全信息下的高等职业教育发展水平评测中的有效性和优越性。

（一）分析数据

假定中国的某个省份想要对其 11 个城市 C_1，C_2，…，C_{11} 的高等职业教育发展水平进行评测，确定了 4 个评价因素为主要指标：高等职业毕业生平均人数（记为 F_1）、平均受教育年限（记为 F_2）、高等职业教师平均人数（记为 F_3）、平均每年教育经费（记为 F_4）。根据这 11 个城市的情况，得到原始评测数据（即模糊评测矩阵 $\widetilde{X}$），如表 6.6 所示。

可以看出，所有的要素值都是用模糊数来表示的，我们因此采用经典的多属性决策方法，无法判断哪个城市在高等职业教育发展方面优于其他城市。我们也不能直接使用基于经典的 TOPSIS 方法，因为经典的 TOPSIS 方法只有在所有评估值都是精确的情况下才有效，所以我们首先得到标准化值，如表 6.7 所示。

（二）$\alpha = 0.5$ 且 $\gamma = 0.5$ 的结果

如前面所分析的，α-cut 水平对模糊比较结果存在影响，这可能会进一步影响评测结果，这里我们首先给出 $\alpha = 0.5$ 的结果。根据本节中的（6.25）式，我们可以得到原始评测数据的 α-cut 值，如表 6.8 所示。给定 $\gamma = 0.5$，即可得到相对值，如表 6.9 所示。

表 6.9 中的相对值可以验证我们基于偏好的模糊比较方法的有效性。例如，表 6.6 中模糊值 F_1 为 [35000，37000，38000] 的城市 C_4 最好，表 6.9 中其相对值 6.627 在 F_1 方面也是最好的；表 6.6 中模糊值 F_1 为 [5000，5600，6000] 的城市 C_6 最差，其相对值 -3.444 在 F_1 方面也是最差的。

表 6.6　原始评测数据

城市	F_1（人数）	F_2（年）	F_3（人数）	F_4（万元）
C_1	[23000, 24000, 25000]	[1.8, 1.9, 2.2]	[3000, 3200, 3500]	[350, 360, 400]
C_2	[12000, 12500, 14000]	[2.1, 2.4, 2.5]	[1200, 1500, 1600]	[110, 115, 120]
C_3	[11000, 13500, 15000]	[1.6, 1.8, 1.9]	[1400, 1500, 1600]	[150, 170, 180]
C_4	[35000, 37000, 38000]	[2.5, 2.8, 3.1]	[3200, 3300, 3500]	[260, 270, 280]
C_5	[9000, 9800, 10000]	[1.5, 1.55, 1.6]	[820, 850, 900]	[80, 90, 120]
C_6	[5000, 5600, 6000]	[1.2, 1.4, 1.5]	[400, 420, 450]	[120, 140, 150]
C_7	[20000, 21500, 22000]	[2.2, 2.3, 2.6]	[1100, 1200, 1300]	[400, 420, 450]
C_8	[13000, 13500, 15000]	[1.8, 1.9, 2.1]	[300, 350, 500]	[240, 250, 260]
C_9	[6000, 6800, 7000]	[1.5, 1.7, 1.8]	[500, 550, 600]	[120, 130, 150]
C_{10}	[11000, 12500, 13000]	[2.1, 2.2, 2.5]	[480, 490, 520]	[220, 230, 240]
C_{11}	[21000, 21500, 23000]	[2.5, 2.6, 2.8]	[1200, 1250, 1300]	[320, 330, 350]

表 6.7　标准化的评测数据

城市	F_1	F_2	F_3	F_4
C_1	[0.545, 0.576, 0.606]	[0.316, 0.368, 0.526]	[0.844, 0.906, 1.000]	[0.730, 0.757, 0.865]
C_2	[0.212, 0.227, 0.273]	[0.474, 0.632, 0.684]	[0.281, 0.375, 0.406]	[0.081, 0.095, 0.108]
C_3	[0.182, 0.258, 0.303]	[0.211, 0.316, 0.368]	[0.344, 0.375, 0.406]	[0.189, 0.243, 0.270]
C_4	[0.909, 0.970, 1.000]	[0.684, 0.842, 1.000]	[0.906, 0.938, 1.000]	[0.486, 0.514, 0.541]
C_5	[0.121, 0.145, 0.152]	[0.158, 0.184, 0.211]	[0.163, 0.172, 0.188]	[0.000, 0.027, 0.108]
C_6	[0.000, 0.018, 0.030]	[0.000, 0.105, 0.158]	[0.031, 0.038, 0.047]	[0.108, 0.162, 0.189]
C_7	[0.455, 0.500, 0.515]	[0.526, 0.579, 0.737]	[0.250, 0.281, 0.313]	[0.865, 0.919, 1.000]
C_8	[0.242, 0.258, 0.303]	[0.316, 0.368, 0.474]	[0.000, 0.016, 0.063]	[0.432, 0.459, 0.486]
C_9	[0.030, 0.055, 0.061]	[0.158, 0.263, 0.316]	[0.063, 0.078, 0.094]	[0.108, 0.135, 0.189]
C_{10}	[0.182, 0.227, 0.242]	[0.474, 0.526, 0.684]	[0.056, 0.059, 0.069]	[0.378, 0.405, 0.432]
C_{11}	[0.485, 0.500, 0.545]	[0.684, 0.737, 0.842]	[0.281, 0.297, 0.313]	[0.649, 0.676, 0.730]

表 6.8　α=0.5 时的 α-cut 值

城市	F_1	F_2	F_3	F_4
C_1	[0.561, 0.591]	[0.342, 0.447]	[0.875, 0.953]	[0.743, 0.811]
C_2	[0.220, 0.250]	[0.553, 0.658]	[0.328, 0.391]	[0.088, 0.101]
C_3	[0.220, 0.280]	[0.263, 0.342]	[0.359, 0.391]	[0.216, 0.257]
C_4	[0.939, 0.985]	[0.763, 0.921]	[0.922, 0.969]	[0.500, 0.527]
C_5	[0.133, 0.148]	[0.171, 0.197]	[0.167, 0.180]	[0.014, 0.068]
C_6	[0.009, 0.024]	[0.053, 0.132]	[0.034, 0.042]	[0.135, 0.176]
C_7	[0.477, 0.508]	[0.553, 0.658]	[0.266, 0.297]	[0.892, 0.959]
C_8	[0.250, 0.280]	[0.342, 0.421]	[0.008, 0.039]	[0.446, 0.473]
C_9	[0.042, 0.058]	[0.211, 0.289]	[0.070, 0.086]	[0.122, 0.162]
C_{10}	[0.205, 0.235]	[0.500, 0.605]	[0.058, 0.064]	[0.392, 0.419]
C_{11}	[0.492, 0.523]	[0.711, 0.789]	[0.289, 0.305]	[0.662, 0.703]

表 6.9　$\alpha=0.5$ 且 $\gamma=0.5$ 时的相对值

城市	F_1	F_2	F_3	F_4
C_1	2.550	−0.541	6.199	3.915
C_2	−1.090	1.568	0.416	−3.291
C_3	−0.915	−1.481	0.589	−1.748
C_4	6.627	3.849	6.624	1.188
C_5	−2.108	−2.748	−1.576	−3.795
C_6	−3.444	−3.616	−3.038	−2.605
C_7	1.661	1.568	−0.411	5.467
C_8	−0.766	−0.681	−3.162	0.613
C_9	−3.086	−2.015	−2.598	−2.748
C_{10}	−1.251	1.041	−2.796	0.038
C_{11}	1.822	3.055	−0.246	2.966

表 6.10　$\alpha=0.5$ 且 $\gamma=0.5$ 时的评测结果

城市	评估值	次序
C_1	0.754	2
C_2	0.366	5
C_3	0.294	8
C_4	0.906	1
C_5	0.122	9
C_6	0.065	11
C_7	0.657	3
C_8	0.322	7
C_9	0.110	10
C_{10}	0.349	6
C_{11}	0.611	4

根据表 6.9 中的相对值，我们可以确定正理想解和负理想解（每个评

价因子的权重被认为是等价的)：

$$\hat{A}_b = \{6.627, \ 3.849, \ 6.624, \ 5.467\}$$

$$\hat{A}_w = \{-3.444, \ -3.616, \ -3.162, \ -3.795\}$$

最后，我们可以得到评估结果，如表 6.10 所示。可以看出，当 $\alpha = 0.5$ 且 $\gamma = 0.5$ 时，城市 C_4 的高等职业教育发展水平在全省最高，而城市 C_6 的高等职业教育发展水平最低。

（三）不同乐观程度的结果

使用以上的类似过程，我们可以获得具有不同乐观程度的评测值，如表 6.11 所示（这里我们设置 $\alpha = 0.5$）。图 6.3 显示了不同乐观程度下评测结果的差异分析。

表 6.11 不同乐观测度的评测结果 ($\alpha = 0.5$)

城市	乐观程度（γ）						
	0	0.2	0.4	0.5	0.6	0.8	1
C_1	0.755	0.755	0.754	0.754	0.754	0.753	0.753
C_2	0.371	0.369	0.367	0.366	0.366	0.364	0.362
C_3	0.294	0.293	0.294	0.294	0.294	0.294	0.295
C_4	0.905	0.905	0.905	0.906	0.906	0.906	0.907
C_5	0.111	0.115	0.120	0.122	0.125	0.130	0.135
C_6	0.060	0.062	0.064	0.065	0.066	0.069	0.071
C_7	0.653	0.655	0.656	0.657	0.658	0.659	0.661
C_8	0.313	0.317	0.321	0.322	0.324	0.328	0.332
C_9	0.105	0.107	0.109	0.110	0.111	0.113	0.116
C_{10}	0.345	0.347	0.348	0.349	0.350	0.352	0.354
C_{11}	0.599	0.604	0.609	0.611	0.614	0.618	0.623

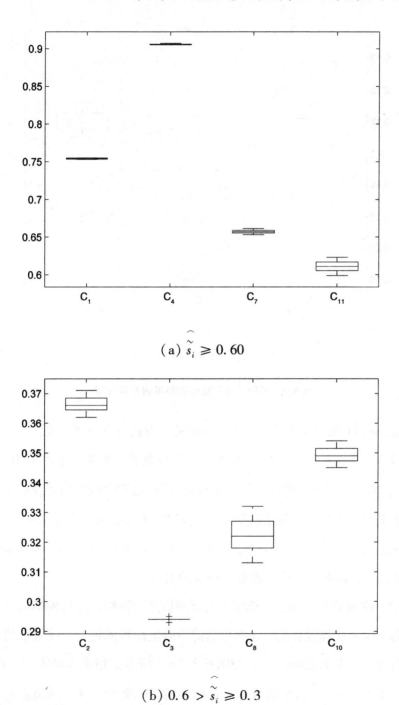

(a) $\hat{\tilde{s}}_i \geqslant 0.60$

(b) $0.6 > \hat{\tilde{s}}_i \geqslant 0.3$

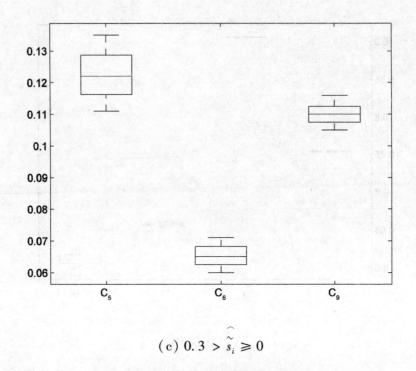

$$(c) \ 0.3 > \hat{\tilde{s}}_i \geqslant 0$$

图 6.3　不同乐观程度评测结果的差异分析

从表 6.11 和图 6.3 的结果中，我们可以得到以下观察结果。

（1）根据评测结果，11 个城市的高等职业教育发展水平可分为三类。城市 C_1、C_4、C_7 和 C_{11} 的评测值大于 0.6，因此这四个城市的高等职业教育发展水平相对较好，尤其是城市 C_4；城市 C_2、C_3、C_8 和 C_{10} 的评测值在 0.3 到 0.6 之间，因此这四个城市处于平均水平；城市 C_5、C_6 和 C_9 的评测值均在 0.3 以下，因此这三个城市处于较低的水平。

（2）决策者的乐观程度确实会对评测值产生影响，但这种影响与模糊数中的不确定性程度有关。评测数据的不确定性程度越大，决策者的乐观程度对评价结果的影响越大。如图 6.3（a）所示，相比于城市 C_1、C_4 和 C_7，城市 C_{11} 的评价值受决策者乐观程度的影响更大。这一结果验证了决策者偏好的影响，说明了基于偏好的模糊比较方法与经典 TOPSIS 方法相结合的合理性。这一观察结果给了我们一个启示：决策者应该尽最大努力减少评测中的不确定性，最大限度地减少其偏好的影响。

（四）不同 α-cuts 的结果

在使用表 6.6、表 6.10 的类似过程中，我们可以获得不同 α-cuts 的评估值，如表 6.12 所示（这里我们设置 $\gamma=0.5$）。图 6.4 显示了不同 α-cuts 的评估结果的变化分析。

表 6.12　不同 α-cuts 的评测结果（$\gamma=0.5$）

城市	α-cuts						
	0	0.2	0.4	0.5	0.6	0.8	1
C_1	0.764	0.760	0.756	0.754	0.752	0.747	0.743
C_2	0.352	0.357	0.363	0.366	0.370	0.376	0.383
C_3	0.288	0.290	0.293	0.294	0.295	0.297	0.300
C_4	0.906	0.906	0.906	0.906	0.905	0.905	0.905
C_5	0.121	0.122	0.122	0.122	0.122	0.123	0.123
C_6	0.052	0.057	0.062	0.065	0.068	0.073	0.078
C_7	0.660	0.659	0.658	0.657	0.657	0.655	0.654
C_8	0.327	0.325	0.323	0.322	0.322	0.320	0.318
C_9	0.104	0.107	0.109	0.110	0.111	0.114	0.116
C_{10}	0.355	0.352	0.350	0.349	0.348	0.346	0.344
C_{11}	0.617	0.615	0.612	0.611	0.610	0.607	0.605

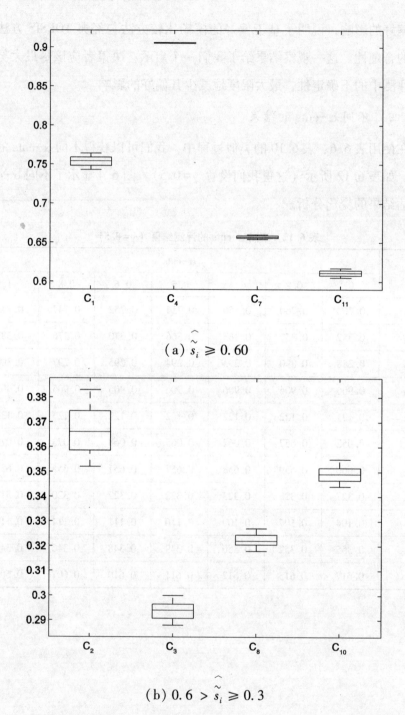

(a) $\widehat{\tilde{s}}_i \geqslant 0.60$

(b) $0.6 > \widehat{\tilde{s}}_i \geqslant 0.3$

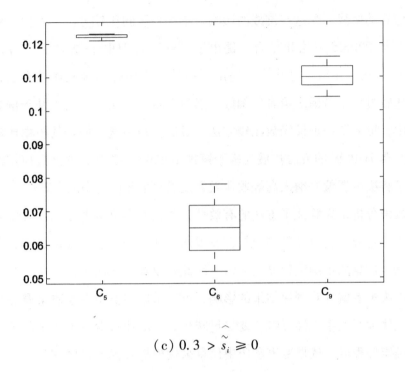

$$(c) \ 0.3 > \hat{\tilde{s}}_i \geqslant 0$$

图 6.4　不同 α-cuts 评测结果的变化分析

从表 6.11 和图 6.4 的结果中，我们可以发现，11 个城市的高等职业教育发展水平在不同 α-cut 的情况下也可以分为三类，其测度顺序与本节不同乐观程度的结果一致。同样，由于评测数据的不确定性程度不同，不同 α-cut 水平对评测值的影响也不同。

第三节　小结与建议

在本章研究中，我们观察到了在高等职业教育发展水平测评中面临不完全信息的挑战。受这些挑战的影响，本章将区间比较方法、模糊比较方法与经典 TOPSIS 方法相结合，提出了一种区间 TOPSIS 方法和一种模糊 TOPSIS 方法。在综合方法中，提出了一种基于偏好的区间比较方法，以便在比较过程中考虑决策者的偏好。然后，将 α-cut 技术引入基于偏好的指标中，形成了一种模糊数比较方法。最后，利用基于偏好的模糊比较方法将经典 TOPSIS 的方法扩展为基于模糊 TOPSIS 的方法，并通过应用结果验证了将决策者偏好纳入高等职业教育发展水平测度之中的合理性。

数值分析结果验证了方法的有效性，并且发现决策者的乐观程度和考虑的不确定程度会对高等职业教育发展水平测评结果有相应的影响，尤其是不完全信息的不确定程度较大时。因此建议在现实决策过程中，应该充分考虑决策者偏好对测评结果的影响，可以采取多群组专家决策避免单个决策主体偏好的主观性影响。要尽量减少高等职业教育发展水平测评指标的不确定性程度，依据专家和历史信息采用模糊数而不是区间数表达不完全信息，同时要缩小不完全信息的上下边界。

第七章

基于结构方程模型的人力资本、高等职业教育与区域经济增长实证研究

第一节 人力资本、高等职业教育与经济增长关系分析

虽然关于人力资本的定义有多种形式，但本质都是在强调：人力资本可以通过后天在健康、教育及技能和经验等方面的投入而形成，能为劳动者和社会带来经济财富，凝聚于人体中。可以看出，教育是人力资本形成的主要方式，而人力资本是推动经济增长的主要动力之一，因此，教育、人力资本和经济的发展具有密切的因果关系。现有文献对这三者关系已进行了比较深入系统的研究。

然而近期研究除了少数对经典内生经济增长模型进行扩展外，多数是从不同角度采用不同区域或不同时间的数据对经济发展、教育和人力资本之间的关系进行实证研究。这些研究进一步验证了教育对人力资本形成有重要作用或者人力资本对经济发展具有促进作用，但当前研究中缺少对高等职业教育在人力资本形成与社会经济发展中特定影响的研究。高等职业教育与普通高等教育和普及教育的教学模式和培养目标都不相同，因此对

学生人力资本的培养与形成也不同，进而对社会劳动市场结构的形成与影响也不同，最终导致对社会经济发展的影响也不同。高等职业教育对人力资本形成过程的影响是什么样的呢？它又是如何通过对社会劳动结构的影响而影响到社会经济发展的呢？问题应该分别从居民收入和经济增长两个角度，结合我国典型区域数据，采用结构方程模型等对社会经济发展、人力资本与高等职业教育的关系进行实证研究，并寻找答案。

本章拟借鉴柯布-道格拉斯超对数随机方程以及内生经济增长理论的人力资本外部性模型，建立针对人力资本存量、固定资本存量、高等职业教育投入与经济增长关系的结构方程模型，结合我国典型区域实际数据，利用 SPSS 软件对模型进行因子分析、信度分析、路径分析及假设检验，以验证高等职业教育投入对经济增长的贡献程度。

一、高等教育与人力资本的关系

Tom 和 Sylvain（2001）在他们一个关于人力资本、教育和技能关系的报告里，分析了教育在人力资本形成过程中的作用，同时也分析了人力资本对居民的收入、生活满意度和社会的影响。张贞齐和孙林岩（2002）通过对高等教育的功能和人力资本理论的研究表明，高等教育和人力资本紧密联系，是人力资本开发的关键所在，并指出当时我国高等教育的规模是偏低的，应该扩大教育规模、实行大众化教育。Currie 和 Moretti（2003）使用了 1970 年至 1999 年新生婴儿的亲子教育数据，分析了家庭教育对人力资本在两代人之间的遗传情况，发现母亲教育程度不仅仅对孩子健康生活产生影响，而且对孩子未来的人力资本形成也产生着显著影响。曲大成和杜会杰（2005）利用人力资本理论探讨高等教育的发展以及中国现代化建设，提出高等教育投入产出的实质是人力资本投资的过程，同时指出我国要确定高等教育的主体地位和建立起完善的高等教育成本分担理论。Volery 等人（2013）收集了494位参加企业家精神教育项目的学生数据，采用准实验设计的方法研究了企业家精神对人力资本的影响，研究发现：个人品质（例如自治性和风险偏好）对企业家精神的形成具有显著正面影响，企业家精神教育对人力资本的形成有一定的正面影响。Schündeln 和 Playforth（2014）调查了政府部门雇员教育的私人和社会收益之间的差异是否可以促进关于教育和成长的"宏微观悖论"的现象，结果解释了高等教育回报率在微观层面和宏观层面的教育增长回归小的或负的系数。Wantchekon 等人（2015）研究了教育与人力资本外部效应的关系，并进行了实证研究，具体从教育对毕业生生活水平、职业和政治参与等情况的影响来反映。孙萌和台航（2018）认为增加对基础教育的投资能够促进人力资本的积累，进而影响人力资本结构，采用 logit 模型分析了基础教育的财政投入对人力资本积累的促进作用。台航和崔小勇（2019）认为人力资本的积累是影响经济体技术进步的一个重要因素，在对人力资本划分的基础上，分析了人力资本结构对技术进步异质性的影响，并利用跨国经济社会面板数据进行了实证研究，发现初等教育型人力资本占比的提高会促进技术效率的变化。赵冉和杜育红（2020）采用改进的卢卡斯模型和空间杜宾模型等，分析了高等教育与人力资本质量的空间作用关系，发现人力资本可以通过技术创新促进本地经济增长，并且还可以促进邻地经济增长。

二、人力资本与经济发展的关系

新经济增长理论（也称"内生经济增长理论"）主要论述的就是经济发展与人力资本之间的关系。内生经济增长理论模型主要有阿罗"干中学"模型、宇泽两部门模型、罗默内生技术进步模型和卢卡斯内生人力资本模型（Klenow & Rodríguez-Clare，1997）。随着新经济增长理论的发展，20世纪90年代以来，经济学者不断构建新的人力资本理论模型，例如曼昆、罗默、威尔的 MRW 模型（Mankiw-Romer-Weil model）和巴罗的三部门内生增长模型，并将人力资本对经济发展的效应进行了实证分析（Acemoglu，2012）。很多学者采用不同方法从不同角度研究了人力资本与经济发展的关系。Evans 等人（2002）收集了82个国家21年的数据，采用了一个超对数生产函数模型，分析了人力资本与金融发展对经济增长的贡献，其中考虑的人力资本包括体力劳动资本和内生人力资本，验证了人力资本和金融发展对经济发展都具有显著影响。邵宜航（2005）将其导入内生性政府部门，建立了具有一般性的混合经济内生增长模型，以探讨混合经济中的政府最优政策选择，分析表明：不论公办教育体制还是民办教育体制，政府可以通过适当的政策选择引导经济达到社会性最优增长状态。Ram（2007）把智商指数引入 MRW 模型中，并采用数据验证了智商指数变量的引入能够减弱教育和健康等人力资本参数对经济发展水平影响的显著性。Vinod 和 Kaushik（2007）采用了18个发展中国家的数据，验证了通过教育形成的人力资本对经济发展的影响。熊先承和刘瑛（2013）利用最小二乘法对江西省人力资本与经济增长之间的关系进行研究，结果发现江西省人力资本的弹性系数为0.38，且经济增长与人力资本的投入之间互为格兰杰原因。周少甫等人（2013）根据两部门经济增长模型，以1995—2009年中国省级数据为对象，运用分位数回归的方法考察产业结构和人力资本对中国经济增长的影响，理论分析和实证研究均表明人力资本对经济增长有显著的促进作用，且在条件分布的不同位置，这种作用存在明显差异。Hanushek（2013）同样分析了人力资本对发展中国家经济增长的影响，与其他文献不同，他把认知技能也考虑到了人力资本测量中，得出结论：如果不提高教育质量，那么发展中国家难以产生持续的经济发展。胡玉芳等人（2014）利用江西省 11 个区市 1996--2011 年的面板数据，以卢卡斯模型为理论依据，通过协整分析，研究了人力资本与经济增长的关系，发现江西省 11 个区市人力资本与经济增长之间存在显著关系，人力资本投入对经济增长的贡献率为 20%~40%。Azam 和 Ahmed（2015）采用了 10 个国家或地区的数据，通过检验人力资本和对外直接投资对经济发展的影响，验证了内生增长模型。景维民等人（2019）提出一个基于教育水平变化的教育人力资本结构测算方法，分析了教育人力资本结构对经济发展的作用，发现人力资本结构高级化有利于促进地区经济的高质量发展。赵晓军和余爽（2020）在对中国人力资本发展进行阶段划分的基础上，分析了改革开放以来中国经济发展阶段与人力资本结构的关系，得出结论：目前中国人力资本发展处于自主创新阶段，对创新人力资本和硕博生的投资会对我国经济增长起到显著的正向作用。郭东杰和魏熙晔（2020）基于扩展的代际交叠模型，分析了人力资本、收入分配与经济发展的作用关系，发现某个国家人均国内生产总值超过 4000 美元后，人力资本积累对经济发展的作用由不显著变为显著，成为促进经济发展的重要动力。

第二节　概念模型的构建

根据对现有研究进行分析，发现高等职业教育可以通过提升区域人力资本存量而促进区域经济增长，同时，区域经济增长又能促进区域人力资本存量的提升和区域高等职业教育水平的提升。为此，构建概念模型如图 7.1 所示，变量主要包括区域经济发展水平、区域人力资本水平和区域高等职业教育水平三个节点指标，每个节点包含的子指标以及测度的方法如下。

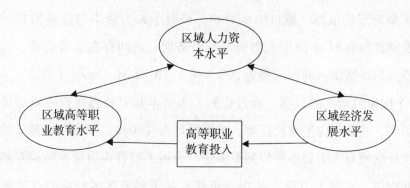

图 7.1　一般概念模型构建

一、区域高等职业教育水平

借鉴了国内外有关高等职业教育发展指数、教育公平指数，以及高等职业教育质量评价指标的研究成果，参照指数设计的继承性原则，设计区域高等职业教育水平测量指标体系，具体的区域高等职业教育水平的测评指标如表 7.1 所示，包括三个一级测量指标，即总体规模指数、经费收支指数和教学条件指数。

表 7.1　区域高等职业教育水平测评指标

一级测量 指标	符号 表示	二级测量指标	符号 表示
总体规模 指数	HV_1	该区域高等职业教育院校数量占全国高等职业教育院校数量的比例	HV_{11}
		该区域普通高等职业教育（专科）毕业学生数量占全国普通高等职业教育（专科）毕业学生数量的比例	HV_{12}
		该区域普通高校固定资产值占全国普通高校固定资产值的比例	HV_{13}

一级测量指标	符号表示	二级测量指标	符号表示
经费收支指数	HV_2	该区域普通高职高专学校教育经费收入占全国普通高职高专学校教育经费收入的比例	HV_{21}
		该区域普通高职高专学校教育经费支出占全国普通高职高专学校教育经费支出的比例	HV_{22}
		该区域普通高职高专学校财政补助支出占全国普通高职高专学校财政补助支出的比例	HV_{23}
教学条件指数	HV_3	该区域普通高校占地面积占全国普通高校占地面积的比例	HV_{31}
		该区域普通高校图书数量占全国普通高校图书数量的比例	HV_{32}
		该区域普通高校计算机数量占全国普通高校计算机数量的比例	HV_{33}
		该区域普通高校专任教师数量占全国普通高校专任教师数量的比例	HV_{34}

（1）总体规模指数包括"该区域高等职业教育院校数量占全国高等职业教育院校数量的比例""该区域普通高等职业教育（专科）毕业学生数量占全国普通高等职业教育（专科）毕业学生数量的比例"和"该区域普通高校固定资产值占全国普通高校固定资产值的比例"三个二级测量指标。

（2）经费收支指数包括"该区域普通高职高专学校教育经费收入占全国普通高职高专学校教育经费收入的比例""该区域普通高职高专学校教育经费支出占全国普通高职高专学校教育经费支出的比例"和"该区域普通高职高专学校财政补助支出占全国普通高职高专学校财政补助支出的比例"三个二级测量指标。

（3）教学条件指数包括"该区域普通高校占地面积占全国普通高校占地面积的比例""该区域普通高校图书数量占全国普通高校图书数量的比例""该区域普通高校计算机数量占全国普通高校计算机数量的比例"和"该区域普通高校专任教师数量占全国普通高校专任教师数量的比例"四个二级测量指标。

二、区域人力资本水平

区域人力资本水平测量指标包括四个一级测量指标，即区域社会资本、区域关系资本、区域结构资本和区域创新资本，具体包括十四个二级测量指标，每个指标的测算方法如表 7.2 所示。

表 7.2　区域人力资本测量指标体系与测量方法

一级测量指标	符号表示	二级测量指标	符号表示
区域社会资本	HC_1	教育水平	HC_{11}
		医疗卫生	HC_{12}
		社会保障	HC_{13}
区域关系资本	HC_2	国际贸易往来	HC_{21}
		国内贸易往来	HC_{22}
		国际人员往来	HC_{23}
区域结构资本	HC_3	产业结构	HC_{31}
		政府效能水平	HC_{32}
		社会内部流动与流通机制	HC_{33}
		社会沟通与交流机制	HC_{34}
		信息流通机制	HC_{35}
区域创新资本	HC_4	创新投入	HC_{41}
		创新产出	HC_{42}
		创新人员	HC_{43}

（1）区域社会资本，主要测度某区域的一般人力资本水平，包括教育水平、医疗卫生和社会保障三个二级测量指标。

（2）区域关系资本，主要测度某区域的关系人力资本水平，包括国内贸易往来、国际贸易往来和国际人员往来三个二级测量指标。

（3）区域结构资本，主要测度某区域的人力资本结构情况，包括社会内部流动与流通机制、社会沟通与交流机制、产业结构、政府效能水平和信息流通机制五个二级测量指标。

（4）区域创新资本，主要测度某区域的人力资本创新情况，包括创新产出、创新人员和创新投入三个二级测量指标。

三、区域经济发展水平

区域经济发展水平的测度已经很成熟，本节采用的测量指标如表7.3所示，包括四个一级测量指标，即经济实力、富裕程度、经济结构和经济效益。

（1）经济实力，主要测度某区域的总体经济发展水平，包括农民纯收入、城镇居民可支配收入、财政收入比例和国内生产总值比例四个二级测量指标。

（2）富裕程度，主要测度某区域的居民富裕情况，包括城镇居民人均可支配收入、人均财政收入、人均国内生产总值、人均农民纯收入和人均储蓄额五个二级测量指标。

（3）经济结构，主要测度某区域的经济结构情况，包括居民消费占收入水平比重、非农业人口占总人口比重和第三产业国内生产总值比重三个二级测量指标。

（4）经济效益，主要测度某区域的经济效益情况，包括全社会劳动生产率、工业资产负债率和财务收入占国内生产总值的比率三个二级测量指标。

表 7.3 区域经济发展水平测量指标体系与测量方法

一级测量指标	符号表示	二级测量指标	符号表示
经济实力	ED_1	国内生产总值比例	ED_{11}
		财政收入比例	ED_{12}
		城镇居民可支配收入	ED_{13}
		农民纯收入	ED_{14}
富裕程度	ED_2	人均国内生产总值	ED_{21}
		人均财政收入	ED_{22}
		人均农民纯收入	ED_{23}
		城镇居民人均可支配收入	ED_{24}
		人均储蓄额	ED_{25}
经济结构	ED_3	第三产业国内生产总值比重	ED_{31}
		居民消费占收入水平比重	ED_{32}
		非农业人口占总人口比重	ED_{33}
经济效益	ED_4	全社会劳动生产率	ED_{41}
		工业资产负债率	ED_{42}
		财务收入占 GDP 的比率	ED_{43}

第三节 概念模型的研究假设

根据以上分析，研究给出区域高等教育水平、区域人力资本水平和区域经济发展水平的具体概念模型，如图 7.2 所示。

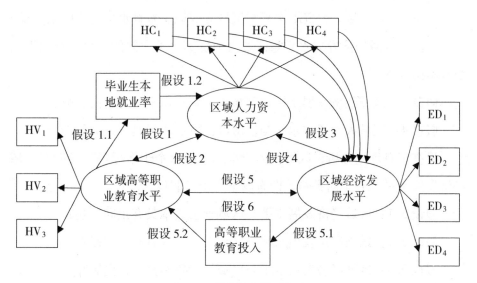

图 7.2　具体概念模型构建

以上概念模型包含的主要理论假设如下。

首先是区域高等职业教育水平与区域人力资本水平之间的关系，有以下两个基本假设。

假设 1：区域高等职业教育水平对区域人力资本水平具有正向影响；

假设 2：区域人力资本水平对区域高等职业教育水平具有正向影响。

根据现有理论分析，高等职业毕业生本地就业人数很有可能是区域高等职业教育水平影响区域人力资本水平的中间变量，所以有以下三个子假设。

假设 1.1：区域高等职业教育水平对高等职业毕业生本地就业率具有正向影响；

假设 1.2：区域高等职业毕业生本地就业率对区域人力资本水平具有正向影响；

如果假设 1 和假设 2 同时成立，则伴随假设 1.3。

假设 1.3：区域人力资本水平与区域高等职业教育水平互为因果关系。

其次是区域经济发展水平与区域人力资本水平之间的关系，有以下两个基本假设。

假设 3：区域经济发展水平与区域人力资本水平具有正向影响；

假设 4：区域人力资本水平与区域经济发展水平具有正向影响。

根据现有理论分析，区域人力资本水平的每个子指标都有可能对区域经济发展水平具有正向影响，即有以下五个子假设。

假设 3.1：区域经济发展水平与区域社会资本具有正向影响；

假设 3.2：区域经济发展水平与区域关系资本具有正向影响；

假设 3.3：区域经济发展水平与区域结构资本具有正向影响；

假设 3.4：区域经济发展水平与区域创新资本具有正向影响；

如果假设 3 和假设 4 同时成立，则伴随假设 3.5。

假设 3.5：区域人力资本水平与区域经济发展水平互为因果关系。

最后是区域高等职业教育水平与区域经济发展水平之间的关系，有以下两个基本假设。

假设 5：区域高等职业教育水平对区域经济发展水平具有正向影响；

假设 6：区域经济发展水平对区域高等职业教育水平具有正向影响。

根据现有理论分析，高等职业教育投入很有可能是区域经济发展水平影响区域高等职业教育水平的中间变量，所以有以下三个子假设。

假设 5.1：区域经济发展水平对高等职业教育投入具有正向影响；

假设 5.2：高等职业教育投入对区域高等职业教育水平具有正向影响；

如果假设 5 和假设 6 同时成立，则伴随假设 5.3。

假设 5.3：区域经济发展水平与区域高等职业教育水平互为因果关系。

第四节 数据获取与结果分析

一、数据来源与描述性分析

高等职业教育发展水平部分的数据主要来自 2011 年到 2020 年的《中国教育统计年鉴》和《中国教育经费统计年鉴》，第五章已经依据年鉴中 32 个省（自治区、直辖市）和新疆生产建设兵团的原始数据分别对每个高等职业教育发展水平测度指标进行了计算。

区域人力资本水平和区域经济发展水平部分的数据主要来源于 2011 年到 2020 年的《中国统计年鉴》《中国教育统计年鉴》《中国教育经费统计年鉴》《中国卫生健康统计年鉴》《中国贸易外经统计年鉴》《中国物流年鉴》《中国知识产权年鉴》《中国科技统计年鉴》等。

由于指标数据涉及较多，下面主要以高等职业教育发展水平的"该区域普通高职高专学校教育经费收入占全国普通高职高专学校教育经费收入的比例"、区域人力资本水平的"大专以上学历人数占总人口的比重"和区域经济发展水平的"该区域国内生产总值占全国国内生产总值比例"来进行主要描述性分析。

（一）各省区市国内生产总值基本情况

作为衡量一个地区经济发展状况最重要的指标之一，国内生产总值一直以来备受大家关注。2019 年我国国内生产总值由 2011 年的 621441.11 亿元增长至 985343.11 亿元，同比增长 58.56%，已接近 100 万亿元。在世界范围内，近十年，我国是国内生产总值保持正增长的重要经济体。从各省区市来看，全国国内生产总值第一大省的宝座依然属于广东。2019 年，广东国内生产总值总量达到 107671.07 亿元，占全国 10.93%，是我国第一个国内生产总值过万亿元的省份。从 1989 年开始，广东国内生产总值已经连续 31 年位居全国第一。2019 年全国各省区市国内生产总值第二到第十名分别为江苏（99631.52 亿元）、山东（71067.53 亿元）、浙江（62351.74 亿元）、河南（54259.20.07 亿元）、四川（46615.82 亿元）、福建（42395.00 亿元）、湖北（45828.31 亿元）、湖南（39752.12 亿元）、上海（38155.32 亿元），具体如图 7.3 所示。

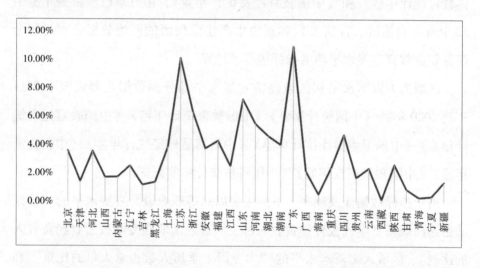

图 7.3　2019 年全国各省区市国内生产总值占比

从地区分布来看，我国各省区市国内生产总值依然是呈东—中—西三级递减状况，区域经济发展不平衡未明显改善。2019 年东部、中部和西部分别占全国国内生产总值总量的 51.88%、22.20%、20.82%，因此，如何在保持经济高质量发展的同时逐步解决区域发展不平衡的问题是当前我国实现社会主义现代化强国建设亟须解决的问题。

（二）指标相关关系分析

图 7.4 显示了"该区域普通高职高专学校教育经费收入占全国普通高职高专学校教育经费收入的比例"和"该区域国内生产总值占全国国内生产总值比例"的散点图（由于 2011 年部分数据缺失的原因，这里仅用了 2012—2019 年 32 个省区市和新疆生产建设兵团的数据）。我们可以看出这两个指标具有很强的线性相关性，相关系数为 0.95。

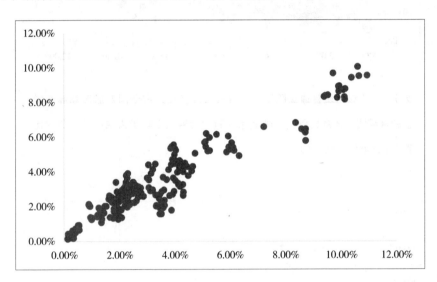

图 7.4 "该区域普通高职高专学校教育经费收入占全国普通高职高专学校教育经费收入的比例"（纵坐标）和"该区域国内生产总值占全国国内生产总值比例"（横坐标）散点图

图 7.5 显示了"该区域普通高职高专学校教育经费收入占全国普通高职高专学校教育经费收入的比例"和"大专以上学历人数占总人口的比重"的散点图（由于 2011 年部分数据缺失的原因，这里仅用了 2012—2019 年 32 个省区市和新疆生产建设兵团的数据）。我们可以看出这两个指标具有比较弱的线性相关性。

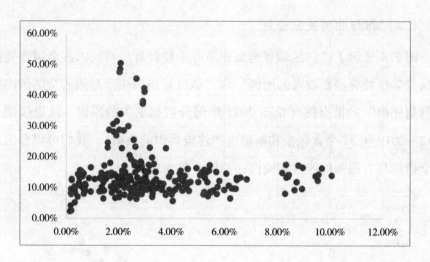

图 7.5 "该区域普通高职高专学校教育经费收入占全国普通高职高专学校教育经费收入的比例"(横坐标)和"大专以上学历人数占总人口的比重"(纵坐标)散点图

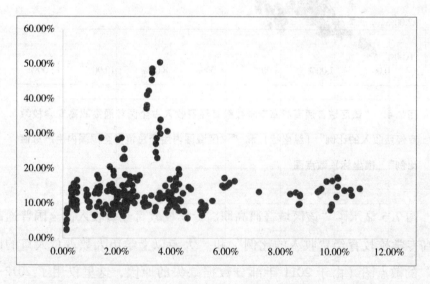

图 7.6 "该区域国内生产总值占全国国内生产总值比例"(横坐标)和"大专以上学历人数占总人口的比重"(纵坐标)的散点图

图 7.6 显示了"该区域国内生产总值占全国国内生产总值比例"和"大专以上学历人数占总人口的比重"的散点图（由于 2011 年部分数据缺失的原因，这里仅用了 2012—2019 年 32 个省区市和新疆生产建设兵团的数据）。我们可以看出这两个指标具有比较弱的线性相关性。

二、实证结果与分析

为检验数据的效度，进行了 KMO 和 Bartlett 球形检验，结果显示，KMO 值为 0.857>0.8，显著性水平为 0.000<0.01，这说明量表数据具有良好的效度，并且可进行因子分析。利用 SPASSAU 软件对所建立的结构方程进行计算得到标准化路径系数，如表 7.4 和图 7.7 所示。其中，RHC 表示区域人力资本水平，RHV 表示区域高等职业教育水平，RED 表示区域经济发展水平，GRO 表示毕业生本地就业率，HVR 表示高等职业教育投入。

表 7.4　模型回归标准化路径系数

路径	路径系数	p 值	路径	路径系数	p 值
RHV→RHC	0.643 * * *	0	RED→RHC	0.632 * * *	0
RHC→RHV	0.376 * *	0.02	RED→RHV	0.456 * * *	0
RHV→GRO	0.451 * * *	0	RHV→RED	0.156 *	0.06
GRO→RHC	0.136 * *	0.03	RED→HVR	0.459 * * *	0
RHC→RED	0.712 * * *	0	HVR→RHV	0.831 * * *	0

从表 7.4 和图 7.7 可以看出：

（一）区域高等职业教育水平与区域人力资本水平的关系

①区域高等职业教育水平对区域人力资本水平的路径系数为 0.643>0，并且通过 0.01 水平的显著性检验。这说明区域高等职业教育水平对区域

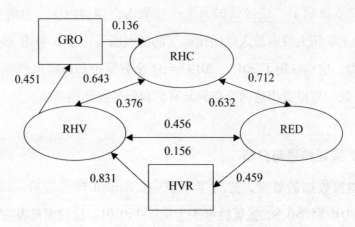

图 7.7 标准化路径系数

人力资本水平具有正向影响，即假设 1 成立。②区域人力资本水平对区域高等职业教育水平的路径系数为 0.376>0，并且通过 0.05 水平的显著性检验。这说明区域人力资本水平对区域高等职业教育水平具有正向影响，即假设 2 成立。③区域高等职业教育水平对高等职业毕业生本地就业率的路径系数为 0.451>0，并且通过 0.01 水平的显著性检验。这说明区域高等职业教育水平对高等职业毕业生本地就业率具有正向影响，即子假设 1.1 成立。④区域高等职业毕业生本地就业率对区域人力资本水平的路径系数为 0.136>0，并且通过 0.05 水平的显著性检验。这说明区域高等职业毕业生本地就业率对区域人力资本水平具有正向影响，即子假设 1.2 成立。⑤因为假设 1 和假设 2 同时成立，因此区域人力资本水平与区域高等职业教育水平互为因果关系，即子假设 1.3 成立。

（二）区域人力资本水平与区域经济发展水平的关系

①区域人力资本水平对区域经济发展水平的路径系数为 0.712>0，并且通过 0.01 水平的显著性检验。这说明区域人力资本水平对区域经济发展水平具有正向影响，即假设 3 成立。②区域经济发展水平对区域人力资

本水平的路径系数为 0.632>0，并且通过 0.01 水平的显著性检验。这说明区域经济发展水平对区域人力资本水平具有正向影响，即假设 4 成立。③在子指标方面，区域创新资本、区域关系资本和区域社会资本都对区域经济发展水平有正向影响，而区域结构资本没有显著影响，即子假设 3.1、3.2 和 3.4 成立，而子假设 3.3 没有得到验证。④因为假设 3 和假设 4 同时成立，因此区域人力资本水平与区域经济发展水平互为因果关系，即子假设 3.5 成立。

（三）区域经济发展水平与区域高等职业教育水平的关系

①区域经济发展水平对区域高等职业教育水平的路径系数为 0.456>0，并且通过 0.01 水平的显著性检验。这说明区域经济发展水平对区域高等职业教育水平具有正向影响，即假设 5 成立。②区域高等职业教育水平对区域经济发展水平的路径系数为 0.156>0，并且通过 0.1 水平的显著性检验。这说明区域高等职业教育水平对区域经济发展水平具有正向影响，即假设 6 成立。③区域经济发展水平对高等职业教育投入的路径系数为 0.459>0，并且通过 0.01 水平的显著性检验。这说明区域经济发展水平对高等职业教育投入具有正向影响，即子假设 5.1 成立。④高等职业教育投入对区域高等职业教育水平的路径系数为 0.831>0，并且通过 0.01 水平的显著性检验。这说明高等职业教育投入对区域高等职业教育水平具有正向影响，即子假设 5.2 成立。⑤因为假设 5 和假设 6 同时成立，因此区域经济发展水平与区域高等职业教育水平互为因果关系，即子假设 5.3 成立。

第五节　小结与建议

本章首先对人力资本、高等职业教育与经济增长进行理论关系分析，进而依据第四章的区域人力资本测量方法和第五章的高等职业教育发展水平测评方法，构建出区域高等职业教育水平、区域人力资本水平和区域经济发展水平的概念模型，同时提出该章的理论假设。

采用结构方程模型，以我国各省区市面板数据为样本，对人力资本、高等职业教育与经济增长进行了实证分析，结果发现：区域高等职业教育水平对区域人力资本水平具有正向影响；区域人力资本水平对区域经济发展水平具有正向影响；区域经济发展水平对区域高等职业教育水平具有正向影响。我们可以看出这三者是相互促进的，各省区市重视当地高等职业教育发展水平和高等职业毕业生的培养与引进，是正确的政策选择。

第八章

人力资本、高等职业教育与区域经济的
差异性与匹配性实证研究

第一节　人力资本、高等职业教育与
区域经济差异关系分析

第七章已经分析了高等职业教育与人力资本的关系，本章主要对区域经济差异的相关理论、人力资本与居民收入的关系和高等职业教育与居民收入的关系进行分析。

一、区域经济差异的相关理论

（一）平衡增长理论

20世纪40年代初，如何缩小发达地区与落后地区的发展差距，寻求区域经济均衡发展路径，一些经济学家从政策操作的角度，提出了尽快使落后地区得到开发的"平衡增长"理论，主要有以下两种模型。

（1）罗森斯坦·罗丹的大推进理论：大推进理论认为，实现工业化可以使不发达地区从根本上解决贫困落后问题，那么资本形成就是其立足点，也是经济发展的核心。大推进就是在各个工业部门同时进行全面的大量投资，使各种工业部门都发展起来。

（2）纳克斯的贫困恶性循环论和平衡增长理论：落后地区普遍存在着生活贫困、经济停滞、人均收入低等难题，贫困恶性循环理论认为，这些问题相互作用、互为因果，构成了恶性循环，使得一些地区永远处于贫困状态。

（二）非均衡增长理论

通过罗森斯坦·罗丹的大推进理论和纳克斯的贫困恶性循环论及平衡增长理论可以看出，区域经济平衡增长理论不能有效地解释地区经济发展不平衡的状况，有快有慢、有先有后的区域经济二元结构，突出了规模经济和国民经济各部门、各地区的相互关联性，有一定的合理性。1950年以来西方兴起的区域非均衡增长理论对此提出了挑战。区域非均衡增长理论认为二元经济条件下的区域增长必然伴随一个非均衡的过程，在市场机制下经济增长依赖于区域间的非均衡性，主要的理论模型有以下五种。

（1）佩鲁的发展极理论：经济增长发源于一个"推动型单位"，而非遵循均衡路径。所谓推动型单位是一个经济部门，它超过平均水平强劲增长并通过同其他部门紧密联系产生影响。

（2）缪尔达尔的地理上的二元经济结构理论：在不发达国家的经济发展中存在着特殊结构，即经济发达地区和不发达地区并存的"二元经济结构"，这一机理被称为"循环积累因果关系原理"，这种结构的出现是由于在区域经济发展的过程中，区域间发展差异的出现会进一步使发展快的地区发展得更快，发展慢的地区相对发展得更慢，地区间经济发展水平的差异会进一步拉大。

（3）赫希曼的"核心区与边缘区"理论：经济发展不会同时出现在所有地方，一旦出现在某处，使该地区的经济增长加速，在巨大的集聚经济效应作用下，要素将向该地区集聚，最终形成具有较高收入水平的核心区。与核心区相对应，周边的落后地区称为边缘区。

（4）弗里德曼的"中心—外围论"理论：区域发展是通过一个不连续的、但又是逐步累积的创新过程实现的，而发展通常起源于区域内少数"变革中心"，创新由这些中心向周边地区扩散，周边地区依附于"中心"而获得发展。因此，发展本身就包含着极化过程，在这一点上同极化理论是一致的。

（5）威廉姆逊的倒"U"形理论：倒 U 形曲线，在国家经济发展的早期阶段，区域间成长的差异将会扩大，倾向不平衡增长，之后随着经济增长，区域间不平衡程度将趋于稳定。经济增长与区域平衡之间呈现出的倒 U 形曲线，即当到达发展的成熟阶段，区域间成长差异将逐渐缩小，倾向均衡成长。

二、人力资本与区域经济差异的关系

Pereira 和 Aubyn（2009）的研究表明，从 1960 年到 2001 年，人力资本形成是葡萄牙经济的一个重要增长因素。平均受教育年限的增加通过实物投资对人均国内生产总值产生了直接和间接的影响。小学和中学教育都对葡萄牙近期的经济增长产生了显著的积极影响，然而对于高等教育，他们的研究不能得出同样的结论。Evans 等人（2000）评估了金融部门和人力资本的发展是否对 82 个国家的经济增长产生有利影响，研究结果表明，两者都对经济增长过程做出了重要贡献。Benhabib 和 Spiegel（1994）估计了一个标准的柯布-道格拉斯生产函数，研究发现在解释人均收入增长时，人力资本增长具有不显著的、负面的影响。研究结果表明人力资本通过两种机制影响增长。首先，人力资本存量影响从国外采用技术的速度；其次，人力资本水平直接影响国内生产的技术创新率。Mankiw 等人（1992）创新地将人力资本加入索洛模型中，分析了人力资本对经济增长的作用，研究结果表明，作为要素投入的人力资本对经济增长具有显著的贡献。Mamuneas 等人（2006）使用了不同国家和不同时间的劳动力和实物资本贡献的数据来消除传统投入增长对产出增长的影响，设定人力资本对全要素生产率增长的贡献，在因国家和时间的不同而变化的前提下，研究了人力资本对经济增长过程的影响，结果表明由此产生的全要素生产率指数的增长取决于人力资本的增长。Fleisher 等人（2010）的研究表明，对中国"欠发达地区"的人力资本投资是合理的，因为它们可以提高效率并有助于减少区域间的不平等。Banerjee 和 Jarmuzek（2010）认为，增加人力资本积累是解决斯洛伐克地区差距扩大问题的最佳方法之一。Weil（2005）使用跨国数据验证了健康人力资本有助于缩小各个国家间的经济差距。

三、高等教育与区域经济差异的关系

Agiomirgianakis 等人（2002）、Pinheiro 和 Pillay（2016）、Vaiciukeviciute 等人（2019）采用东盟、立陶宛等多个国家的数据进行实证研究发现，高等教育人力资本是经济持续增长的关键因素。Dominguez（2021）发现高等教育的发展对宏观经济产生了积极的影响，尤其是在不发达地区。Agasisti 等人（2020）分析了 2012—2015 年俄罗斯的相关数据，发现高等教育对区域经济增长表现出积极作用，而且统计显著性明显。Barra 和 Zotti（2017）的研究发现高等教育通过提高人力资本发展水平，进而提高区域的经济发展，同时区域经济发展与高等教育存在相互促进的关系。Hou 等人（2021）的成

果表示高等教育质量和水平的提升受到区域经济发展的刺激。

由于地区差异和高等教育指标选择的差异，高等教育与经济增长之间的关系和重要性并没有一致性的结论。Zhu（2018）等人的研究发现，相比于初等教育，高等教育对中国经济增长的贡献较小，虽然仍旧表现出显著的积极影响，但贡献占比远低于5%。Drucker（2016）使用美国的数据发现高等教育对区域国内生产总值、创业和就业等各类经济成果的影响并不一致，表现为对创业活动有显著影响，但对国内生产总值等变量的影响较小。

因此一些研究尝试从不同的角度进行解释。Kempton 等人（2021）的研究发现由于毕业生的高度流动性，仅高等教育机构并不足以刺激当地的经济发展，只有在当地建立吸收毕业生和支撑知识转化的企业，才可以使得高等教育成为促进经济发展的动力。Hanushek（2013）的研究发现只有高质量的高等教育才有助于区域的经济发展。具体来说，仅在一个地区处于效率驱动和创新驱动阶段时，高等教育表现出对经济增长的显著影响（Marozau，2021）。Lilles 和 Roigas（2017）则从时间序列数据中发现了高等教育对经济增长影响的滞后性。Shindo（2010）的研究发现在教育补贴下，高等教育对经济增长的显著性有了较大的提高。

第二节 概念模型的构建

一、基于结构方程模型的差异性模型构建

从平衡增长理论与非均衡增长理论以及人力资本、高等职业教育与经

济差异关系方面的研究进展来看，一个区域的高等（职业）教育差异会影响到区域人力资本存量的差异，从而带来区域经济增长的差异，同时，区域人力资本存量的差异受到一个区域的经济增长差异的影响，进而影响到区域高等职业教育水平的差异。因此，本章构建的概念模型如图8.1所示，主要包括区域高等职业教育水平差异、区域经济发展差异和区域人力资本水平差异三个节点指标。其中，区域经济发展差异主要通过高等职业教育投入差异这一关键因素引至区域高等职业教育水平的差异。

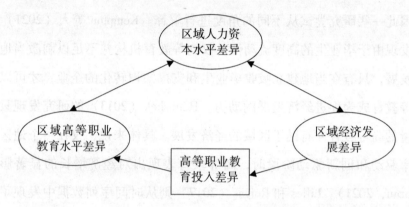

图8.1 人力资本、高等职业教育与区域经济差异的一般概念模型

以上概念模型每个节点指标包含的子指标与第七章部分一致，每个指标的测度方法都是采用了指标的标准分数。标准分数是以标准差为单位度量原始分数离开其平均数的分数之上多少个标准差，是一种具有相等单位的量数。它是将原始分数与团体的平均数之差除以标准差所得的商数，或是在平均数之下多少个标准差。它是一个不受原始测量单位影响的抽象值，是以标准差为单位计算，并可接受进一步的统计处理。标准分数的大小代表着原始分数和母体平均值之间的距离，在原始分数低于平均值时，标准分数则为负数，反之则为正数。因此，对于给定若干区域，区域的人力资本、高等职业教育和区域经济发展指标的标准分数可以反映出区域在这些指标下的差异程度。

根据以上分析，本节给出区域高等职业教育水平差异、区域人力资本水平差异和区域经济发展差异的具体概念模型，如图8.2所示。其中每个子指标都采用了第七章相应指标的标准分数，例如第七章中子指标 HV_{11} 表示"该区域高等职业教育院校数量占全国高等职业教育院校数量的比例"，这里 ZHV_1 就表示"该区域高等职业教育院校数量占全国高等职业教育院校数量的比例的标准分数"。

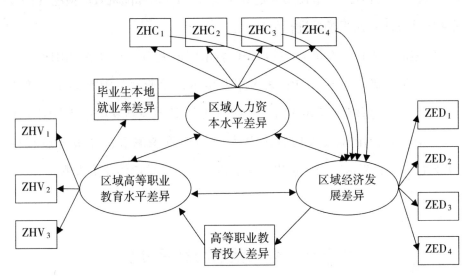

图8.2 人力资本、高等职业教育与区域经济差异的具体概念模型

二、基于面板回归的匹配性模型构建

为了进一步揭示高等职业教育水平与经济发展匹配度对经济发展差异的影响，本节构建以下面板模型：

$$ZRED_{it} = c + \alpha MATCH_{it} + \beta Z_{it} + \mu_i + \gamma_t + \varepsilon_{it} \qquad (8.1)$$

模型中，$ZRED_{it}$ 为被解释变量，表示第 i 个省区市第 t 年的区域经济发展差异，也就是由第七章表 7.3 中测量指标体系与测量方法得到的区域经济发展水平在当年各省区市中的标准分数。c 为模型的常数项，$MATCH_{it}$ 是模型的核心解释变量，为第 i 个省区市第 t 年的高等职业教育水平与经济发展匹配度，也就是由第三章第二节的匹配度测度模型计算得到，即表 3.4 中的数值。Z_{it} 为模型的控制变量，α 和 β 为回归系数矩阵，μ_i 为不随时间变化的个体固定效应，γ_t 为时间固定效应，ε_{it} 为随机误差项，所有变量都取对数进行处理。本节使用固定效应模型（FE）和随机效应模型（RE）两种估计方法对面板模型进行估计。

模型的主要控制变量 Z_{it} 包括 RHC 表示区域人力资本水平，RHV 表示区域高等职业教育水平，GRO 表示毕业生本地就业率，HVR 表示高等职业教育投入，这些数据都由第七章测算出来。其他控制变量包括城镇化水平（URBAN），用非农人口数占总人数的比重来测算；经济开放程度（OPEN），用各省区市当年进出口总额占地区生产总值的比重来测算。

第三节　数据获取与结果分析

一、数据来源与描述性分析

该部分的数据来源与第七章的一样，主要来源于 2011 年到 2020 年的《中国教育统计年鉴》《中国教育经费统计年鉴》《中国统计年鉴》《中国卫生健康统计年鉴》《中国贸易外经统计年鉴》《中国物流年鉴》《中国知识产权年鉴》《中国科技统计年鉴》等。

由于指标数据涉及较多，下面主要以高等职业教育发展水平差异的"该区域普通高职高专学校教育经费收入占全国普通高职高专学校教育经费收入的比例标准分数"、区域人力资本水平差异的"该区域大专以上学历人数占总人口的比重标准分数"和区域经济发展差异的"该区域居民人均可支配收入标准分数"来进行主要描述性分析。

（一）各省区市居民人均可支配收入基本情况及其差异性

居民可支配收入常被用来衡量一个地区生活水平的变化情况，被认为是消费开支的最重要的决定性因素。伴随着我国经济的不断发展，全国居民人均可支配收入由 2013 年的 18310.8 元增长至 2019 年的 30732.0 元，居民生活水平大幅提高，幸福感、获得感均显著增强。上海市居民人均可支配收入持续居各省区市之首，2019 年达 69441.6 元，是全国平均水平的 225.95%。位居全国居民人均可支配收入次位的是北京市，2019 年达 67755.9 元，是全国平均水平的 220.47%。上海市和北京市是仅有的两个居民人均可支配收入两倍于全国平均水平的省区市。2019 年全国各省区市人均可支配收入第三至第十名分别为浙江（49898.8 元）、天津（42404.1 元）、江苏（41399.7 元）、广东（39014.3 元）、福建（35616.1 元）、辽宁（31819.7 元）、山东（31597.0 元）、内蒙古（30555.0 元），具体如图 8.3 所示。

居民人均可支配收入的地区差异较国民生产总值更加明显，区域居民生活水平差距较大，东部地区的居民人均可支配收入大幅领先于中西部。例如 2019 年甘肃省居民人均可支配收入为 19139.0 元，仅为上海市的 27.56%、江苏省的 46.23%。中西部地区各省区市居民人均可支配收入无一超过全国平均水平，因此，在促进中西部经济发展的同时，应当注意利用好转移支付等手段，提高发展中西部地区的居民生活水平。

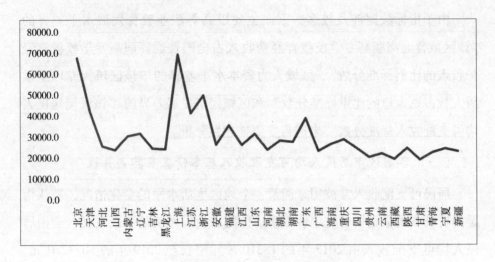

图 8.3 2019 年全国各省区市居民人均可支配收入（元）

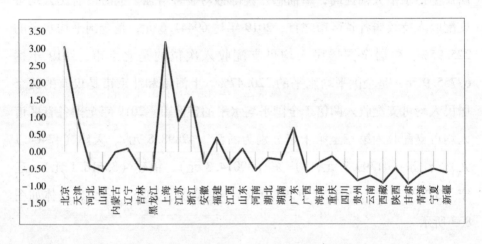

图 8.4 2019 年全国各省区市居民人均可支配收入的标准分数

如前所述，为了表达各省区市区域经济发展的差异性，本节利用各指标的标准分数来表达。图 8.4 显示了 2019 年全国各省区市居民人均可支配收入的标准分数，可以看出，北京和上海的居民人均可支配收入远高于其他省区市，超过了平均值 3 个标准差，浙江、天津、江苏、广东等其他省区市主要围绕 1 个标准差上下波动。

（二）各省区市普通高职高专学校教育经费收入占全国普通高职高专学校教育经费收入比例的差异性

为了表达各省区市高等职业教育收入经费的差异性，本节利用该指标的标准分数来表达。图8.5显示了2019年全国各省区市普通高职高专学校教育经费收入占全国普通高职高专学校教育经费收入比例的标准分数，可以看出，广东、江苏、山东和河南的普通高职高专学校教育经费收入远高于其他省区市，都超过了平均值1个标准差，西藏、海南、青海和宁夏的普通高职高专学校教育经费收入都低于平均值1个标准差，其他省区市都在平均值的1个标准差内波动。

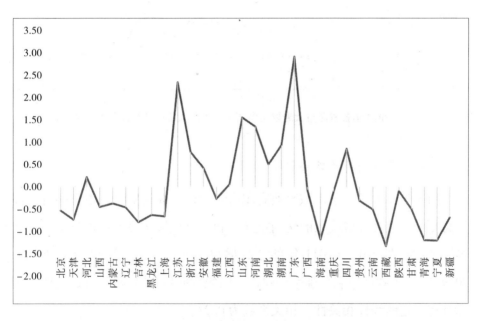

图8.5 2019年各省区市普通高职高专学校教育经费收入占全国普通高职高专学校教育经费收入比例的标准分数

图8.6显示了2019年各省区市大专以上学历人数占总人口的比重差异的标准分数，可以看出，北京、天津和上海的大专以上学历人数占总人口

的比重远高于其他省区市，都超过了平均值 1 个标准差，其他省区市都在平均值的 1 个标准差内波动。比较意外的是，广东的大专以上学历人数占总人口的比重并不高，略低于全国平均水平。

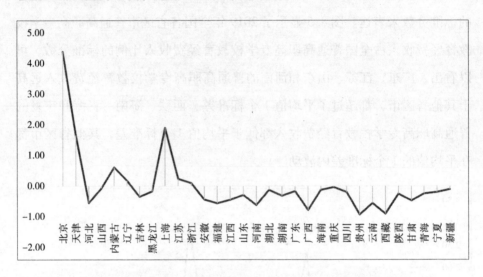

图 8.6   2019 年各省区市大专以上学历人数占总人口的比重差异的标准分数

（三） 指标相关关系分析

图 8.7 显示了"该区域普通高职高专学校教育经费收入占全国普通高职高专学校教育经费收入的比例差异"和"该区域居民人均可支配收入差异"的散点图（由于 2011 年部分数据缺失的原因，这里仅用了 2012—2019 年 32 个省区市和新疆生产建设兵团的数据）。我们可以看出这两个指标具有一定的线性相关性，相关系数为 0.21。

图 8.8 显示了"该区域大专以上学历人数占总人口的比重差异"和"该区域居民人均可支配收入差异"的散点图（由于 2011 年部分数据缺失的原因，这里仅用了 2012—2019 年 32 个省区市和新疆生产建设兵团的数据）。我们可以看出这两个指标具有较强的线性相关性，相关系数为 0.83。

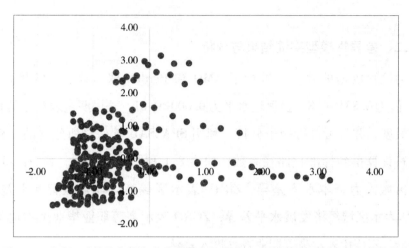

图 8.7 "该区域普通高职高专学校教育经费收入占全国普通高职高专学校教育经费收入的比例差异"（横坐标）和"该区域居民人均可支配收入差异"（纵坐标，单位：元）的散点图

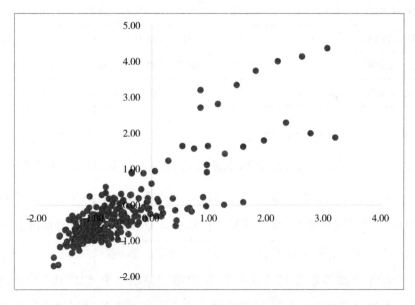

图 8.8 "该区域大专以上学历人数占总人口的比重差异"（横坐标）和"该区域居民人均可支配收入差异"（纵坐标，单位：元）的散点图

二、差异性模型实证结果与分析

为检验数据的效度，进行了 KMO 和 Bartlett 球形检验，结果显示，KMO 值为 0.831>0.8，显著性水平为 0.000<0.01，这说明量表数据具有良好的效度，并且可进行因子分析。利用 SPASSAU 软件对所建立的结构方程进行计算得到标准化路径系数，如表 8.1 和图 8.9 所示。其中，ZRHC表示区域人力资本水平差异，ZRHV 表示区域高等职业教育水平差异，ZRED 表示区域经济发展水平差异，ZGRO 表示高等职业毕业生本地就业率差异，ZHVR 表示高等职业教育投入差异。

表 8.1 模型回归标准化路径系数

路径	路径系数	p 值	路径	路径系数	p 值
ZRHV→ZRHC	0.420 * *	0.03	ZRED→ZRHC	0.689 * * *	0
ZRHC→ZRHV	0.521 * *	0.02	ZRED→ZRHV	0.229 *	0.07
ZRHV→ZGRO	0.622 * * *	0	ZRHV→ZRED	0.098	0.16
ZGRO→ZRHC	0.202 *	0.07	ZRED→ZHVR	0.601 * * *	0
ZRHC→ZRED	0.872 * * *	0	ZHVR→ZRHV	0.768 * * *	0

从表 8.1 和图 8.9 可以看出：

（一）区域高等职业教育水平差异与区域人力资本水平差异的关系

①区域高等职业教育水平差异对区域人力资本水平差异的路径系数为 0.420>0，并且通过 0.05 水平的显著性检验。这说明区域高等职业教育水平差异对区域人力资本水平差异具有一定的正向影响。②区域人力资本水平差异对区域高等职业教育水平差异的路径系数为 0.521>0，并且通过 0.05 水平的显著性检验。这说明区域人力资本水平差异对区域高等职业教育水平差异具有正向影响。③区域高等职业教育水平差异对高等职业毕业

生本地就业率差异的路径系数为 0.622>0，并且通过 0.01 水平的显著性检验。这说明区域高等职业教育水平差异对高等职业毕业生本地就业率差异具有正向影响。④区域高等职业毕业生本地就业率差异对区域人力资本水平差异的路径系数为 0.202>0，并且通过 0.1 水平的显著性检验。这说明区域高等职业毕业生本地就业率差异对区域人力资本水平差异具有一定的正向影响。

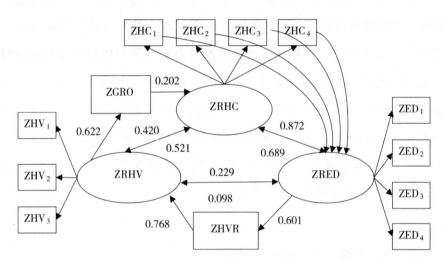

图 8.9　标准化路径系数

(二) 区域经济发展水平差异与区域人力资本水平差异的关系

①区域人力资本水平差异对区域经济发展水平差异的路径系数为 0.872>0，并且通过 0.01 水平的显著性检验。这说明区域人力资本水平差异对区域经济发展水平差异具有正向影响。②区域经济发展水平差异对区域人力资本水平差异的路径系数为 0.689>0，并且通过 0.01 水平的显著性检验。这说明区域经济发展水平差异对区域人力资本水平差异具有正向影响。③在子指标方面，区域社会资本差异、区域关系资本差异和区域创新

资本差异都对区域经济发展水平差异有正向影响。

（三）区域高等职业教育水平差异与区域经济发展水平差异的关系

①区域经济发展水平差异对区域高等职业教育水平差异的路径系数为0.229>0，并且通过0.1水平的显著性检验。这说明区域经济发展水平差异对区域高等职业教育水平差异具有一定的正向影响。②区域高等职业教育水平差异对区域经济发展水平差异的路径系数为0.098>0，没有通过0.1水平的显著性检验。这没有验证区域高等职业教育水平差异对区域经济发展水平差异具有正向影响。③区域经济发展水平差异对高等职业教育投入差异的路径系数为0.601>0，并且通过0.01水平的显著性检验。这说明区域经济发展水平差异对高等职业教育投入差异具有正向影响。④高等职业教育投入差异对区域高等职业教育水平差异的路径系数为0.768>0，并且通过0.01水平的显著性检验。这说明高等职业教育投入差异对区域高等职业教育水平差异具有正向影响。

三、匹配性模型实证结果与分析

利用2011—2018年的31个省区市的面板数据，使用固定效应模型（FE）和随机效应模型（RE）两种估计方法对模型（8.1）进行了实证分析，具体结果如表8.2所示。可以得出以下三个结论。

（1）无论是固定效应模型还是随机效应模型估计，在10%的显著性水平上，高等职业教育发展水平与经济发展的匹配度对区域经济发展水平的标准分位是正向的关系，也就是说某地区的高等职业教育发展水平与经济发展匹配度越高，越能促进该地区的经济发展。之所以显著性水平是10%而不是1%，是因为高等职业教育水平并不能充分代表某地区的教育水平。

表 8.2　匹配性模型实证结果

变量	固定效应模型	随机效应模型
MATCH	1. 342* (1. 012)	2. 021* (0. 902)
RHC	2. 921*** (0. 782)	3. 532*** (1. 033)
RHV	0. 722* (0. 567)	0. 832* (0. 691)
GRO	1. 230** (0. 201)	2. 342** (0. 631)
HVR	0. 132*** (1. 322)	0. 231*** (1. 539)
URBAN	0. 302* (1. 432)	0. 288* (1. 642)
OPEN	0. 182* (0. 322)	0. 232* (0. 521)
样本量	248	248
F 检验	0. 000	
LM 检验		0. 000

（2）区域人力资本水平对区域经济发展水平标准分位的影响是正向的，并且是 1% 的显著性水平，进一步验证了人力资本对经济发展的作用关系。区域高等职业教育水平和毕业生本地就业率对区域经济发展水平标准分位的影响也是正向的，分别是 10% 和 5% 的显著性水平，这个结论也与表 8.2 差异性模型实证结果与分析的结论基本一致，进一步验证了高等职业教育水平对高等职业毕业生本地就业率对经济发展的正向影响。之所以高等职业毕业生本地就业率是 5% 的显著性水平，而职业教育水平是 10% 的显著性水平，是因为高等职业毕业生本地就业率在一定程度上反映

出该地区对高等院校毕业生的吸引力。另外，我们发现高等职业教育投入的正向影响是 1% 的显著性水平，虽然系数不大，但显著性水平很高，应该是因为一个地区高等职业教育投入，其实在一定程度上也反映出了该地区的经济发展程度。

（3）城镇化水平和经济开放程度的影响也是正向的，都是 10% 的显著性水平。这意味着某地区的城市化水平越高和经济开放程度越高，该地区的经济发展水平可能也会越高。

第四节　小结与建议

本章进一步验证人力资本、高等职业教育与区域经济之间的关系。首先在梳理区域经济差异的相关理论的基础上，分析了人力资本与区域经济差异的关系和高等职业教育与区域经济差异的关系，进而构建了基于结构方程模型的差异性模型和基于面板回归的匹配性模型。

通过差异性模型实证结果，我们发现区域高等职业教育水平差异对区域人力资本水平差异具有一定的正向影响。区域人力资本水平差异对区域经济发展水平差异具有正向影响，区域经济发展水平差异对区域高等职业教育水平差异具有一定的正向影响。通过匹配性模型实证结果，我们发现某地区的高等职业教育发展水平与经济发展匹配度越高，越能促进该地区的经济发展，高等职业教育水平对高等职业毕业生本地就业率和经济发展具有正向影响。我们可以看出，无论是差异性模型还是匹配性模型，都验证了高等职业教育发展水平对人力资本和区域经济发展的重要性。

第九章

我国高等职业教育与区域经济协调发展的
政策建议与保障措施

"十四五"规划和2035年远景目标纲要提出，要增强职业技术教育适应性。目前我国正处于经济结构转型升级、发展动能转换的关键阶段，主要表现为由劳动密集型向科技创新驱动型转变的产业升级，以信息化、智能化深度融合为特点的高端制造业和新型服务业持续发展，故而当下迫切需要大量高素质技术技能人才。职业教育要面向经济社会发展，科学分析区域产业发展对高素质技术技能人才的需求，培养能快速适应社会需求的创新型、应用型、技能型人才。但是，从人力资本、高等职业教育与区域经济发展的差异性研究发现，高等职业教育对区域经济发展的正向影响数值还不高。三者的匹配性研究发现，区域高等职业教育水平差异对区域经济发展水平差异的路径系数为0.098>0，没有通过0.1水平的显著性检验。这没有验证区域高等职业教育水平差异对区域经济发展水平差异具有正向影响，说明高等职业教育对区域经济发展的匹配状态还不足以适应时代新变化与需求。无论是人才培养、教学管理，还是产教融合、社会服务等方面，都还存在着不协调的现象，这就需要我们对职业教育特别是高等职业教育进行全方位的审视与研究，从宏观和微观两个层面提出问题和解决对策，从而切实增强职业教育对产业的适应性，为开启全面建设社会主义现代化国家新征程、向第二个百年奋斗目标进军，做好人力资源深度开发的准备。

第一节 我国高等职业教育的问题及成因分析

一、经费投入不充足，期望现实落差大

目前，高等职业教育在校生规模接近高等教育在校生的二分之一，对地区经济的发展以及我国高等教育结构和普及化有着积极的影响。然而，目前高等教育经费仍将80%以上投入普通高等教育，高等职业教育仅仅得到了不足20%的经费，同时还有财政补贴政策不到位的情况。高等职业教育以培养应用型人才为教学前提，理应注重实践教学，因而对硬件设施要求较高，体现在设备设施先进性、仿真性等方面，需要大量的资金投入，然而经费不足制约了高等职业教育的发展，抑制了高等职业教育目标的实现，减弱了培养效果。职业教育的发展前景与现实经费投入的不足形成了鲜明反差，究其原因，与历史上对职业教育的定位和教育制度设计有很大关系，虽然目前强调大力发展，但达到投入平衡还尚需时日。

二、体系构建不完善，类型强调不突出

当前，我国的现代职业教育体系仍不够科学和完善，与理想的教育类型有着显著差距，所以，如何完善现代职业教育体系仍是一个长期的任务。在我国现代职业教育体系建设中，我们虽得到了部分重要成果，但仍

未达到教育多样性以及完善的职业教育体系建设的理想层次。如今，人们期望得到多样化、丰富化、高水平的教育服务，而我国教育的供给还无法全面满足人们的需求，这就对教育的结构、体系和布局提出了较高的建设要求。现代职业教育体系建设要紧跟发展环境，坚持可持续发展观，强化从定型到层次贯通、从层次到结构功能转变，以及从定界到跨界升级。

同时，"国20条"强调高等职业教育是一种重要的教育类型，不是低层次的职业培训，促使人们改变观念，加大选择动力，在实践中突出职业教育的类型特色。社会对职业教育的进一步认可和接受需要时间的考验。

三、评价体系存漏洞，高职特色不显著

目前，现有评价体系研究的关注重点仍然是办学院校的软硬件教学资源要素和教学过程质量，对人才培养的结果质量这一关键要素的关注度不够，联合社会层面的多元化评价监管机制并未建立。我国的高等职业评价机制是为行政控制服务的，不论是地方教育当局对高等职业院校的评价体制，还是学校内部对学生的监控评价体制，其主要功用都集中在行政控制和总结两个层面，并未体现出评价机制本身应具有的持续改进和激励等关键性的功能。

国家虽然出台了一些相关的政策来支持第三方评价，但相关的决定、指导意见、纲要只是笼统地对第三方评价做出了规定，有关第三方评价的法律目前还不完善，极大制约了第三方评价的发展。缺少相关法律法规的约束，不能有效保证第三方评价的合理化、规范化，有关资格认证制度不完善，第三方评价机构应具有的能力、各高等职业教育评价机构的等级及其认证标准都没有完善的制度规定。第三方评价机构行业之间的自律机制没有建立，造成第三方评价机构的无序竞争，甚至为了争夺评价项目而刻

意降低评价标准。

高等职业教育评价中还存在目标不明确的问题，缺乏高等职业教育评估特色。高等职业教育评估与本科评估有着不同的侧重点，本科评估侧重学生的推算、逻辑和论证能力；高等职业教育重在培养实操能力，培养的是技能型应用人才。不能根据第三方本科评估模式来进行高等职业教育评价，统一的评价指标和方法体现不出高等职业教育的特色，甚至会歪曲高等职业教育的办学理念。

四、服务能力有欠缺，社会认可待提高

人才培养质量不高。高等职业院校的人才培养应紧随新时代的变革、经济模式转型和产业结构升级。对高等职业院校人才培养方案应提出更高的要求，对人才培养要赋予新的要求和质量内涵，因而，高等职业院校的核心问题是人才培养方案与人才市场需求的高度匹配。高等职业院校虽然正在不断地为社会各界输送大量人才，但仍存在一些关键问题，如师资力量薄弱、专业设置不适应产业需求、教学体系滞后等。

科研竞争力较弱。目前，高等职业院校虽然越来越重视科研，但是科研成果数量仍然较少、应用性不强、转化力不够。这些都反映了科研竞争力不足，不仅制约高等职业院校进行技术研究和服务提升，同时还阻碍了校企合作以及产教融合有序开展。

社会服务水平有待提升。高等职业院校可以利用校内资源为社会各类需求主体提供社会服务，例如智库咨询、技能鉴定、文化传播、社会培训等，但存在服务方式缺乏创新、服务意识不强等问题，使得高等职业院校在社会服务方面的功能受到了限制。

五、产教融合不深入，校企合作需加强

我国在高等职业教育发展中，积极推进产教融合，截至目前，虽然已发布了不少相关政策文件，但是在实际操作上仍然未能形成有效政策，也未制定适宜、具体的实施途径。首先，政策的向下传递并不能完全做到及时有效，院校所在地域不能及时出台和国家相关政策匹配的红头文件，也不能为产教融合持续深入发展营造适宜的政策环境；其次，已经出台的政策多是宏观或中观层面，对于如何落地和实施并未具体体现，因此高等职业院校在执行层面上把握不够准确；最后，多头管理导致协调不畅，因为产教融合涉及多方主体，这就需要各级部门沟通协调，落实到位，特别对创新改革的试点项目等，要顺利推进，更需要多个部门之间协调一致。

目前，虽然有很多行业已经积极参与发展职业教育，但仍然存在一些问题，如行业作用不突出，不能有效指导协调企业和高等职业院校的互利发展，地方性的行业指导委员会不够正规，没有发挥作用。

企业对人才的技能和职业需求不一致，校企合作趋于选择性和针对性，校企之间未能奠定长远有效的合作基石，所以大部分企业没有和高等职业院校建立起长期合作关系。行业指导校企合作发展的动力也相对不足，目前尚未形成企业与高等职业院校合作的激励机制，致使企业缺乏参与产教融合的内在动力，不愿进一步与校方开展合作项目。

校企合作模式创新少。一是许多合作方式仍然仅仅局限于表面的协议、冠名等，政策上没有给予足够的支持，无法深入推进；二是校企合作没有达到该有的深度，无法全方位覆盖，只停留在学生顶岗实习和某些特定教学环节上；三是互动合作机制尚未形成，因为这种机制应建立在双方相互需求与服务对等的前提下，而目前学校能够提供给企业的服务远不及

企业提供给学校的资源多，且高等职业院校科研创新能力较差，无法在企业新技术、新产品的研发中提供重要支撑。

基于上述分析，我们可知当前在产教融合上，高等职业院校虽然做了大量工作，但是仍然存在很多约束性问题。究其原因，主要是行业组织作用不够，没有形成强有力的动力机制，相关政策不完善，实施的途径比较传统，亟须创新。

第二节　促进我国高等职业教育健康发展的政策建议

一、落实经费投入，解决首要矛盾

扩大高等职业教育的规模，需要符合学生人均经费拨款标准要求，加强师资力量和硬件设施的投入。高等职业教育经费投入涉及教育、财政、发展改革委等多个部门，但是要保障地方政府成为经费投入主体，还需要中央和地方各部门合力推进。从经济高质量发展和"不同类型、同等重要"出发，切实加大政府对高等职业院校建设经费的投入，使高等职业院校高质量发展有经费保障。财政部门应科学测算高等职业教育的办学成本和投入需求，提高高等职业教育转移支付水平，通过专项投入加快改善中等职业办学条件、补齐高等职业扩招后的办学资源、增设职教本科科目，完善和落实生均拨款制度，明确职教本专科与中等职业的生均拨款标准，建立与之相适应的投入机制。国务院督导部门将每年各地关于"新增教育经费向职业教育倾斜"落实情况，纳入省级政府履行教育职责的督导评价考核中。发展改革委等部门将高等职业教育投入情况纳入产教融合型城市遴选评审指标内，并加大其赋分权重。教育部门加快推广职教高地经验，加大政策供给，此外，还要扩大职业技能提升计划覆盖面，积极支持社会力量兴办高等职业教育，科学把握财政资金配置方向。

二、围绕双轨双通，搭建多元立交教育网

要建立职教高考制度，在制度保障方面，把中等职业教育、高等职业教育和本科职业教育在培养上、内容上衔接起来。依托高等职业教育高考制度，高等职业院校的学生可自由选择高等职业院校、自由选择专业进行学习。高等职业教育主要从学生自由流动和课程开放共享这两个层面上，建立完善普通教育与高等职业教育的融通制度，从而切实促进普通教育和高等职业教育共享资源，相互借鉴教学理念。健全国家学历框架制度：一是制定普通教育与高等职业教育学生的学习成绩互认及等级互换制度；二是在特定的领域里，制定两类学生享有同等权利的制度。围绕双轨双通制度，切实推进高等职业教育快速、高质量发展。

纵向的有机衔接直接决定了高等职业教育的发展高度，完善现代高等职业教育体系的首要问题是定型与层次贯通。职业类型教育在学历上缺乏层次递进、上下贯通的等级体系，普通教育与高等职业教育体系相比存在类型高度差距。另外，体系各要素之间需要强化相互关系，有机提高它们整体功能，所以，在导向性、品质性、驱动力和吸引力等方面要力求平衡，为了构建层次贯通的高等职业教育体系，国家要建立完整规范的现代高等职业教育分类制度。

我国当今的教育体系由普通教育体系、高等职业教育体系、继续教育体系与特殊教育体系构成。在各教育体系中，横向沟通决定了高等职业教

育的宽度，职业类教育和普通类教育"双向互通"缺乏、"不平等"问题明显。相对于普通教育，高等职业教育在教育价值方面缺乏吸引力。要提升高等职业教育的吸引力，需要加快推动两种普通教育和高等职业教育类型的相互融通，加强由层次及类型的转变。

"多元立交"是高等职业类教育稳定发展的前提，也是高等职业教育系统向上发展的必要条件。一是普通教育与高等职业教育是平等的，同属于教育类型，高等职业教育以三维立体教育思路实现"面向社会"型教育；二是"多元立交""横向融通"和"纵向贯通"互相作用、互相促进。同时，"多元立交"有利于加快构建成高等职业教育的"横向融通""纵向贯通"体系。所以，为了达到事半功倍的效果，可以进一步深入创新高等职业教育体系的"新时代多元立交"，既可以进一步彰显高等职业教育的巨大价值，又可以推进由定界向跨界的高质量发展。

三、深化评价改革，凸显高职特色

要落实深化新时代教育评价改革，就要始终谨记把立德树人作为高等职业教育根本，始终坚持体现社会主义特色办学方向，以思想、政治为引导开展各项工作；坚持以师德、师风作为评价教师的首要标准，并坚持其常态化；坚持以"德、智、体、美、劳"全面发展标准进行学生评价，在理想信念、爱国情怀、健全人格、高尚品德、创新能力与实践技能等方面引领学生，提高学生综合素养。

教师是教育教学的主体，高等职业院校要重视教师激励性评价机制的创新，构建考核评价、动态调整工资绩效及职称评聘"三维联动"的评价体系。首先，高等职业类院校要根据实际，构建目标、业务分类考核教师的机制，按专业不同分类进行教师水平、能力考核。制定完善的教师课堂质量评价标准、教学质量评价标准、信息技术能力评价标准，以及"双师"素质认定等评价体系，多维度考核评价教师教学能力素养。其次，要推行学生评价、教师自行评价、同行之间相互评价、教师所在部门评价、学院督导部门评价、相关合作企业评价等多元化、多维度的教师教学质量评价模式。最后，高等职业院校要构建以重大教学效果、重大教学改革、重大业绩等为关键性指标的刚性考核评价体系，并大比重纳入职称评聘、职务晋升，从而引导教师明确教育教学工作重点、方向，提高教育教学质量。

政府部门应该会同高校和第三方评价主体收集意见，出台保障第三方教育质量评价健康发展的相关制度、法律。在评价中应明确高等职业教育培养应用人才的目标，体现高等职业评估的技能导向、实践导向、就业导向。融入企业机构、行业专家等多元主体的教学评价体系，能够构建全面、完整而又系统的 PDCA 闭环评价体制。政府、学校和第三方对评估目标大部分一致，但三者也有不同的决策考量，对高等职业教育有不同的关注点。因此，需要制定三者评估权重，使第三方在高等职业教育评估中占有合理比重，这将能改进并完善高等职业教育人才培养体系和极大提高人才培养质量。

四、提高服务水平，提升社会认可

大力提高高等职业院校服务水平。"双高计划"明确提出了提高高等职业院校服务水平的重要性。我国高等职业教育主要培养技术技能人才，因此对于区域发展有着巨大贡献。首先，高等职业院校的未来发展与专业结构的布局要对接当地产业链，优化专业人才培养方案、教学标准、课程设计、师资队伍建设、实训基地等，为区域发展提供人才支撑；其次，要以校内信息资源为依托，联合所在区域的中、小企业进行科学技术的研发与创新，更重要的是要积极推动研发创新成果的转化，同时拓展职业技能类的培训，帮助所在地域政府开展以提升各类人员技能素养为目的的培养工作；最后，院校要跨区域开展合作、交流，积极推进区域均衡发展，整合办学资源。

积极提升国际服务能力。随着经济全球化的快速发展，提升国际服务能力对高等职业院校来说显得尤为重要。首先，高等职业院校，尤其是地处中西部地区的高等职业院校要把握"一带一路"倡议机遇，在国际层面上提高高等职业教育影响力，深度挖掘"一带一路"人才需求，大力培养技术精湛、具有国际视野、了解国际行业特征的高层次人才；其次，积极推进与发达国家进行职业类教育交流，加快开展中外合作办学，借鉴其先进的教学方式和教学理念，实现与国际接轨，为高等职业院校学生的升学、国际交流和就业开辟路径。

弘扬轻学历、重技能的宝贵风气。努力培育政府和社会层面的工匠精神，形成重技能的良好社会氛围，推动全社会重教尊职，为高等职业院校学生的发展提供相对公平公正的就业氛围和就业渠道，拓宽学生的就业和发展机会，比如在公务员考试、研究生考试等大型社会考试方面给予适度倾斜，使职业技能资格证书的地位和社会认可度得以提高，让普通教育和高等职业教育的学历证书等值变通。

五、强化产教融合，实现校企共赢

加强产教融合的制度体制支撑。首先，政策支持体现在国家相关制度、实施意见，甚至是法律规范等方面，有针对性地提出进度要求和实施步骤。条件允许的话，应积极促进出台高等职业教育产教融合区域性政策，并制定相应的实施细则，建立完善的政策体系。其次，建立协同推进机制，协同政府、行业、企业和学校共同推动"产教融合"快速发展，突破其发展瓶颈，由相关部门牵头，其他部门尤其是教育行政部门配合，共同制定并出台有关政策，保障产教融合财政支持与专款专用。高等职业院校要抓住这个有利条件，与企业紧密合作，借着大好形势，深入创新，打通产教融合的"新丝绸之路"。

充分利用行业组织功能。首先，为了高等职业教育能与区域经济发展有效对接，必须建设好行业职业教育教学指导委员会，在此基础上，进一步加强行业组织建设；其次，重视行业组织地位，政府部门要进一步简政放权，由行业组织充分发挥自身职权与责任，并提供强有力的政策支持和后勤保障服务，建立起企业和行业共同参与高等职业教育的有效体制；再次，为了更好地发挥行业组织的作用，可以借鉴发达国家经验，使行业组织的作用不仅仅局限在行业用人上，还能够对高等职业院校办学给予指导和帮助；最后，鼓励行业直接创办高等职业教育，使行业企业从协助高等职业教育发展转变成高等职业院校的办学主体。

发挥教师关键主体作用，要调动教师深度参与产教融合的积极性。首先，高职类院校要制定教师到企业进行实践的培养制度，完善教师进企业的培养规划以及执行方案。通过设置"企业访问型工程师""企业实践流动站""技能大师型工作室"等形式，鼓励教师参与产教融合，并纳入职称评聘，将专业教师全员培养成"双师型"教师。其次，高职类院校要推进建设提升专业教师的科研能力体系。高职类院校教师的科研能力关键在于深度参与产教融合，以产教融合为途径，使教师的创新意识、创新能力得到增强，从而推动教师能立足于企业、行业，在技术培训服务、科技攻关、企业治理、成果转化、工艺流程优化改进、产品开发、人工智能、管理咨询等方面开展科研活动。教师通过把科研成果反哺教学，提高自己的科研、教学能力，从而切实提高高等职业教育教学质量。

建立"收益相关"的企业协调机制。企业的目标必然是利益最大化，因此在校企合作的问题上，一直都是学校热情洋溢，而企业冷若冰霜，改变这种局面的主要措施如下：首先要提升企业的思想觉悟，增强社会责任感，同时也要刺激企业的动机，使其主动自愿地参与其中，具体做法：一是满足校企双方的利益，不能让企业成为单纯的付出者，学校也要相应地给企业一些利益，例如，高等职业院校可以提升对企业职工培训、技术支持方面的能力。二是建立校企深度融合的发展机制，校企合作要重点关注共同实施的教学活动，包括让企业的师徒制走进课堂，由企业调派岗位上的工作人员给学生传授经验，甚至由企业与学校共同指导学生参加职业技能大赛等。校企合作定期跟踪调查毕业生的工作及社会适应情况，评定专业设置的成效以及毕业生的质量，为高等职业院校深化教学改革提供可靠的依据，要逐步形成自主型、入驻型、共建型和校外型等合作模式，拓宽校企融合培养人才之路。学校与企业共同制定专业人才培养方案及企业职工培训计划，企业提供给学校各种教师进厂实践及学生实操的场地，并为学生就业提供机会和平台，甚至帮助学生创业，学校则为企业的员工提供专业培训，与企业共同开展技术研发、成果转化等。三是建立企业积极参与校企合作办学的长效激励机制，让企业享受到校企合作的经济利益及社会效益，可以通过税收优惠等政策，优化企业参与教学的环境，进一步实现校企互利共赢。

第三节 促进我国高等职业教育健康发展的保障措施

一、我国高等职业教育长效评价机制

高等职业教育的长效评价机制的建立应以客观性、科学性、系统性、动态性作为原则。随着社会的不断发展，对高等职业院校的价值诉求呈多元化发展态势，因此，高等职业教育评价机制所选择的指标应该以教育经济理论、区域经济发展理论为指导，并客观反映高等职业教育与区域经济发展的关系。同时，指标选择应该具有可测性，能够科学反映不同区域、不同教育层次、不同专业领域的院校实力。此外，评价机制的建立原则应该兼顾系统全面和突出特色，既要能系统而全面地反映职业教育办学的综合质量，又要能反映出院校的技术特色和实践办学能力。高等职业教育具有鲜明的时代性，不同时期的高等职业教育可以满足不同时期的社会人才需求，因此高等职业教育的长效评价机制不是静态死板的机制，而是融入院校动态发展要素的机制。

一是深化人才培养改革，推进从国家到地方的"双高计划"（中国特色高水平高等职业学校和专业建设计划）的建设和评选。目前国家和各省已经陆续完成了"双高计划"和"优质学校"的评选工作，建立了一套科学客观的评价认证体系。在"双高计划"下，政府指导部门和高等职业院校，应深化人才培养改革，以"双高计划"为办学目标和办学要求，建立长效均衡的"双高"发展保障机制。

二是建立内部质量长效评价机制。内部质量评价的关键在于把握好质量评价标准，周期性对学校进行评估，考核学校发展的预期效果和目标实现程度。内部质量评价审核学校的组织结构，明晰学校的办学特色和教学理念，建立动态的专业评估机制，调整专业设置，加强对教学质量的监管，审核教学实践、教学课程、信息等，包括对教师的教学评估、对学生的管理制度进行综合评价。

三是建立多元互动的质量评价机制，规避单一评价的局限性。随着国家对传统院校管理模式的转变，高等教育评价进入"管、办、评分离"的阶段，办学主体与政府管理方不再参与到高等职业院校的评价机制中。因此，内外兼修、以外为主的长效评价机制将成为高等职业教育的教学质量保障和反馈机制，多元互动的质量评价体系有助于学校与企业相结合及政企分离。将企业放在具有发言权的重要地位，把政府放在引导调控的支配地位，实现多元互动评价机制，既能促进职业教学与时俱进，又能强化社会服务。

二、我国高等职业教育经费保障机制

高等职业教育的高质量健康发展离不开资金投入和财政支持。资金不足导致的教学硬件设施落后会给高等职业院校带来巨大的教学压力，所以增加教育办学的经费保障是保证教学质量的重要措施。

（1）完善财政投入法律法规体系。要从政策、法律和制度层面对各级政府的高等职业教育投入比例进行合理划分，保证高等职业教育经费投入有法可依。明确高等职业教育生均拨款制度，提高各级各类高等职业学生的财政投入占比以及其他优惠政策。例如教育部会同财政部提高高等职业院校学生人数平均经费标准，地方政府应该按照院校实际办学需求加大对高等职业院校的财政支持，高等职业学校举办者应当按照学生人数平均经费标准足额拨付高等职业教育经费。

（2）拓宽资金筹措渠道，建立多元化筹集教育发展经费的制度。改变我国高等职业教育主要经费来源于财政拨款的思路，出台相关优惠互利政策吸引社会各界对高等职业教育的支持，与政府财政加大投入共同推进，缓解高等职业教育经费不足的紧张局面。把教育发展的成本分担到社会各界，例如社会团体、企业单位和个人，由社会各界共同承担教育费用，为高等职业教育专项资金的筹集多方献力，建立高等职业教育质量保障长效机制。

（3）建立健全财政经费监督、管理机制。加大学校财政来源和财政收入与财政预算支出透明化程度。通过学校自身、社会各界、政府人大多渠道加强高等职业财政投入的使用情况的监督和管理，建立长效的教育投入监控体系。对不能保证高等职业教育经费占教育总经费同比例增长、挪用和占用高等职业教育经费，以及不能保证高等职业教育预算内经费增长的地区，中央专项资金的投入和省区市财政的转移支付要有所限制，并追究主要领导人的责任。建立奖惩激励制度，对学校的经费投入产出做绩效考评，在高等职业院校间建立良性的财政经费投入使用评比化机制。

第四节　我国普通高等教育与高等职业教育
协调发展模式与路径

普通高等教育和高等职业教育作为我国高等教育的主要组成部分，是当代学生学习深造的两个主要路径。相较于其他教育层次的衔接沟通，高等职业教育与普通高等教育两者之间的交流联系、协调发展缺失，使两类教育甚至无法进行衔接、融通。高等职业教育作为现代教育体系中重要的有机组成部分，其发展水平关系到整个教育的发展水平，其发展程度也关系到教育结构的合理化程度。此外，普通高等教育与高等职业教育虽有着不同的办学理念，但二者相辅相成，共同为社会培养多样化、多结构的人才，服务区域社会经济发展，因此我国应尽快建立普通高等教育与高等职业教育协调发展的模式和路径。

一、我国普通高等教育与高等职业教育协调发展的模式

（1）加强高等职业教育与普通高等教育的衔接，完善高等职业教育体系建设。建立一个个性化、专业化、体制灵活、机会均等，且多层次相互协调的高质量职业教育体系，保证所有愿意接受高等职业培训的学生有学习技能的机会。跨越高等职业教育与普通高等教育之间的鸿沟，搭建普通高等教育与高等职业教育交流的桥梁，加强普通高等教育的职业教育性，也为高等职业的学生职业继续教育提供更明晰、更便捷的上升通道。

（2）政府制订科学计划或方案，推动高等职业教育系统化发展。制订长远发展规划，合理而科学系统地规划整个国家和民族的教育衔接发展。从整体上与普通高等教育形成不可替代的互补关系，注重理论与实践相结合，提供大学所忽略的技术性和实用性学科，培养专业技术人才。

（3）高等职业教育要突破创新普通高等教育模式。由于普通高等教育发展成熟，社会对普通高等教育认可度较高，在一定范围内高等职业教育身上带有普通高等教育的色彩是正常的。但若高等职业教育一味地沿用普通高等教育的模式，就会严重阻碍高等职业教育自身的个性认可化发展，高等职业院校会忽视自身的特殊性办学理念和办学优势，脱离社会经济产

业发展实际需求。高等职业教育与普通高等教育相比，要适应区域经济的发展，并为区域市场提供充足的、专业的、高质量的劳动力和专门技术人才。高等职业教育在培养目标、办学形式和办学过程等方面都有着特殊性，这就要求高等职业教育突破"普教化"模式，成为名副其实的高等职业教育。

二、我国普通高等教育与高等职业教育协调发展的路径

（1）搭建普通高等教育与高等职业教育的政、产、学、研协同合作平台。以产、学、研协同为突破口，提升本科高校与高等职业院校交流合作的频率，构建本科高校、高等职业院校、企业合作新格局，促进三者的协同与创新，提升科技研发成果的产业转化率。地方政府要发挥中心作用，教育部门积极领导号召，加大政策支持力度，牵头本科高校、高等职业院校、企业共建创新联盟，促进人力资源供给改革的顺利实施，扩大高等职业院校影响力。

（2）参照发达国家，高等职业院校开展短期教育和培训，满足实践性技术操作要求高的产业就业的普通高校毕业生操作技术人才深造的需求。政府大力引导转变落后观念，加大对接受高等职业院校的正面宣传，加大高等职业技术教育和普通高等教育的沟通交流，促进普通高等学校对办学优秀的高等职业院校的学历认证，通过高等职业院校的"转学"功能完成二者的衔接。高等职业学院为少数理论研究潜力强的，以及希望毕业后进入本科院校继续深造的学生提供大学前两年基础课程，学生毕业后可转入本科三、四年级继续完成学业。设置上注重为地方经济和社会发展服务，兼顾学生的知识水平能力和专门技术能力培养。

（3）发挥招生计划的杠杆调节作用，改革专业设置，完善课程建设，

为学生提供更好的服务。科学合理地安排好高等职业院校和本科院校的招生计划，努力促进两种高校按照内涵发展的要求实现办学结构、办学效益、办学规模、办学质量等协调发展，发挥招生计划的杠杆调节作用，对两种层次的高校专业结构、课程建设起到导向作用。推动学科专业结构优化、教育教学质量提高、学校办学条件改善、办学行为规范，通过普通高等教育和高等职业教育的个别专业"搭对子"的方法达到协调发展。

第十章

结论与展望

第一节 结 论

高等职业教育是促进一个国家人力资本提升的重要渠道，加快建设现代职业教育体系，可以培养更多高素质技术技能人才、能工巧匠、大国工匠，能够促进一个国家经济的持续增长。因此，研究高等职业教育发展水平的测评方法以及揭示高等职业教育、人力资本与经济发展之间的关系具有重要的理论价值与现实意义。围绕这一研究目标，主要贡献有以下五点。

（1）在梳理国内外相关研究的基础上，首先，基于人力资本理论、内生经济增长理论和劳动价值理论，从技能专长、工作经验、教育背景等提出个体人力资本测量模型；其次，考虑组织员工人数、教育年限、学历权重、技能与任务匹配程度等提出组织人力资本测量模型；最后，考虑区域劳动人数、区域人均教育投入、区域人均受教育年数等提出区域人力资本测量模型。这为研究在不同时间、空间下人力资本、高等职业教育与社会经济发展的关系提供了基础和前提。

（2）借鉴国内外有关高等职业教育发展指数、高等职业教育质量评价指标，以及教育公平指数的研究成果，依据指数设计的继承性原则，构建了一个包括教学条件指数、总体规模指数和经费收支指数的区域高等职业教育水平指标体系，采用 TOPSIS 方法和 ARCGIS 等技术对我国 2011—2019 年 31 个省区市的高等职业教育水平进行了综合测度和时空变化测量，为进一步促进我国高等职业教育均衡发展提供一定依据。

（3）现实中往往由于信息的不确定性，导致很难获得精确数据，如何在不完全信息下进行高等职业教育发展水平测度，目前还没有得到充分研究。为此，提出在不完全信息下基于 TOPSIS 的高等职业教育发展水平测评方法，具体包括基于区间 TOPSIS 的方法和基于模糊 TOPSIS 的方法，通过数值实验验证了方法的可行性与优势性，能够在不完全信息下对高等职业教育发展水平进行测评。

（4）人力资本形成的主要方式是通过教育，而人力资本是推动经济增长的主要动力之一。通过构建关于人力资本、高等职业教育与经济发展的结构方程模型，利用我国 2011—2019 年的数据，揭示了人力资本、高等职业教育和经济发展的作用关系，同时也建立了人力资本差异、高等职业教育差异和经济发展差异的结构方程模型，实证分析了三者之间的关系。

（5）从人力资本的视角，分析了我国高等职业教育存在的问题，从建立第三方评价体系、完善择业导向机制、加大财政支持等方面提出政策建议，从长效评价机制与经费保障机制提出能够使我国高等职业教育健康发展的保障措施，设计了促使我国高等职业教育与普通高等教育协调发展的模式与路径。

第二节 展 望

本书的研究虽然取得了一些成效，但仍存在不少问题需要改进。

（1）虽然构建了我国高等职业教育发展水平的测评指标体系，提出在完全信息下和不完全信息下的测度方法，但由于变量与指标对应问题，未能对测评指标的权重进行具体研究，因此测度结果受限于每个指标的权重相同这一假定，以及测度的结果可能会在不同权重设置下有所不同。未来研究中，可以通过层次分析法和熵权法等方法对指标权重进行进一步研究。

（2）主要基于年鉴数据对人力资本、高等职业教育和经济发展的关系进行了实证研究，然而缺少从微观视角进一步研究。例如，未从高等职业教育学生、高等职业教育院校和企业组织等微观层面，分析高等高职学生的就业去向、高等职业院校的专业设置与企业组织的人力资本需求等对人力资本和经济发展的影响。

参考文献

[1] 白永秀，刘盼. 人工智能背景下马克思劳动价值论的再认识 [J]. 经济学家，2020 (6)：16-25.

[2] 白云飞，栾彦. 民营企业与非民营企业人力资本对经济增长的贡献比较 [J]. 统计与决策，2019，35 (16)：181-184.

[3] 才国伟，刘剑雄. 收入风险、融资约束与人力资本积累——公共教育投资的作用 [J]. 经济研究，2014，49 (7)：67-80.

[4] 陈多思. 人力资本存量及其结构对经济增长的影响研究——来自中国省际面板数据的证据 [J]. 经济论坛，2021 (3)：104-113.

[5] 陈华宁，姜楠. 我国农民职业教育评价及区域差异分析 [J]. 中国软科学，2008 (2)：76-81.

[6] 陈健，张屹山，崔晓. 城乡人力资本配置失衡与经济增长不平衡——基于静态与动态面板模型的比较 [J]. 华东经济管理，2021，35 (10)：70-81.

[7] 陈金秀. 民办高等职业教育管理体制研究——以山东省为例 [D]. 济南：山东师范大学，2014.

[8] 董克用，薛在兴. 高校毕业生人力资本积累对其就业的影响 [J]. 中国行政管理，2014 (6)：60-63，119.

［9］杜伟，杨志江，夏国平. 人力资本推动经济增长的作用机制研究［J］. 中国软科学，2014（8）：173-183.

［10］樊培银，徐凤霞. 关于人力资源价值计量方法的探讨［J］. 中国工业经济，2002（3）：91-96.

［11］范其伟. 我国城市化进程中职业教育发展研究［D］. 济南：中国海洋大学，2014.

［12］顾红，聂云. 浅议高等职业教育评价指标体系的构建原则［J］. 高等职业教育（天津职业大学学报），2005，14（2）：48-50.

［13］郭东杰，魏熙晔. 人力资本、收入分配与经济发展［J］. 中国人口科学，2020（2）：97-110，128.

［14］胡旸. 人力资本理论国内外研究发展综述［J］. 企业改革与管理，2021（5）：108-109.

［15］胡玉芳，刘弥然，陈志彬. 江西省11设区市人力资本经济增长效应研究——基于卢卡斯模型［J］. 价格月刊，2014（6）：82-87.

［16］江静，许士道. 研究生人力资本与创新驱动的经济增长效应研究［J］. 中国高教研究，2021（1）：64-69.

［17］金荣学，毛琼枝，张说. 基于AHP和熵权法的我国高等职业教育绩效评价［J］. 财会月刊，2017（36）：59-66.

［18］景维民，王瑶，莫龙炯. 教育人力资本结构、技术转型升级与地区经济高质量发展［J］. 宏观质量研究，2019，7（4）：18-32.

［19］李建民，王金营. 人才资源在经济增长中的作用研究［J］. 人口与经济，1999（5）：13-17.

［20］李良华，杨姗姗，李雪. 人力资本积累、经济结构转型与高等教育发展［J］. 财经科学，2020（11）：122-132.

［21］李晓曼，于佳欣，代俊廷等. 生命周期视角下新人力资本理论

的最新进展：测量、形成及作用 [J]. 劳动经济研究, 2019, 7 (6)：110-131.

[22] 梁阜, 李树文, 耿新. 基于企业生命周期的人力资本最优配置——资源转化的视角 [J]. 科研管理, 2020, 41 (4)：239-249.

[23] 刘灿雷, 高超. 教育、人力资本与创新——基于"量"与"质"的双重考察 [J]. 财贸经济, 2021, 42 (5)：110-126.

[24] 刘林, 李光浩, 王力. 少数民族农户收入差距的经验证据：物质资本、人力资本抑或社会资本 [J]. 农业技术经济, 2016 (5)：70-79.

[25] 刘蓉晖, 赵云龙, 马福玉. 人力资本教育投资对中国经济增长的影响 [J]. 现代管理科学, 2014 (7)：37-39.

[26] 刘伟, 张立元. 经济发展潜能与人力资本质量 [J]. 管理世界, 2020, 36 (1)：8-24, 230.

[27] 刘瑛, 熊先承. 区域人力资本与经济增长实证研究——以江西省人力资源战略调整为例 [J]. 企业经济, 2013 (1)：143-145.

[28] 刘勇, 张徽燕, 李端凤. 基于资源观的人力资本测量方法研究 [J]. 管理学家 (学术版), 2010 (12)：22-30.

[29] 刘智勇, 李海峰, 胡永远等. 人力资本结构高级化与经济增长——兼论东中西部地区差距的形成和缩小 [J]. 经济研究, 2018, 53 (3)：50-63.

[30] 闵晨, 王乐翔, 平瑛. 农村三产融合背景下人力资本评价指标体系研究 [J]. 上海管理科学, 2021, 43 (4)：22-27.

[31] 闵宏, 王罗汉. 内生性技术进步与经济增长——理论回顾与研究进展 [J]. 现代管理科学, 2017 (12)：106-108.

[32] 欧阳军. 人力资本价值计量探析 [J]. 科技与产业, 2007 (2)：65-68.

［33］潘锦棠. 简论劳动社会学——兼论分支社会学的成立条件 ［J］. 社会科学研究，1989（4）：100-103，61.

［34］潘士远，史晋川. 知识吸收能力与内生经济增长——关于罗默模型的改进与扩展 ［J］. 数量经济技术经济研究，2001（11）：82-85.

［35］钱雪亚，刘杰. 中国人力资本水平实证研究 ［J］. 统计研究，2004（3）：39-45.

［36］钱雪亚，缪仁余，胡博文. 教育投入的人力资本积累效率研究——基于随机前沿教育生产函数模型 ［J］. 中国人口科学，2014（2）：74-83.

［37］卿陶. 人力资本投入与企业创新——来自中国微观企业数据的证据 ［J］. 人口与经济，2021（3）：108-127.

［38］曲大成，杜会杰. 试论人力资本投资理论与我国高等教育 ［J］. 北京理工大学学报（社会科学版），2005，7（4）：93-96.

［39］邵宜航. 经济增长与宏观政策选择——基于含人力资本增长模型的动态优化分析 ［J］. 数量经济技术经济研究，2005（10）：30-39.

［40］苏科，周超. 人力资本、科技创新与绿色全要素生产率——基于长江经济带城市数据分析 ［J］. 经济问题，2021（5）：71-79.

［41］苏妍，逯进. 中国省域人力资本与经济增长协调性测度 ［J］. 城市问题，2019（8）：69-78.

［42］孙敬水，于思源. 物质资本、人力资本、政治资本与农村居民收入不平等——基于全国31个省份2852份农户问卷调查的数据分析 ［J］. 中南财经政法大学学报，2014（5）：141-149，160.

［43］孙萌，台航. 基础教育的财政投入与人力资本结构的优化——基于 CHIP 数据和县级数据的考察 ［J］. 中国经济问题，2018（5）：68-85.

[44] 台航，崔小勇. 人力资本结构与技术进步——异质性影响分析及其跨国经验证据 [J]. 南开经济研究，2019（4）：143-166.

[45] 谭祖谊. 青年人力资本积累与内生经济增长 [J]. 中国青年社会科学，2016，35（4）：48-53.

[46] 万伟平，聂劲松，樊孝凯. 省域内高等职业教育生均经费基尼系数研究——基于广东省公办高职院校的统计数据 [J]. 当代教育论坛，2021（5）：116-124.

[47] 王金营. 人力资本与经济增长：理论与实证 [M]. 北京：中国财政经济出版社，2001.

[48] 王劲松. 开放条件下内生经济增长理论的研究进展 [J]. 数量经济技术经济研究，2007（10）：35-45.

[49] 王玲，王森. 我国高等职业教育问题域分析及对策——基于德国应用科学大学的经验借鉴 [J]. 国家教育行政学院学报，2015（6）：82-87.

[50] 王萍. 劳动力年龄和教育结构对经济增长的影响研究——基于人力资本存量生命周期的视角 [J]. 宏观经济研究，2015（1）：52-57.

[51] 王双，陈柳钦. 内生经济增长理论的演进和最新发展 [J]. 经济与管理评论，2012，28（4）：20-24.

[52] 魏志荣. 高等职业教育英语教学评价现状分析——以江西外语外贸职业学院为例 [J]. 江西教育，2021（12）：4-5.

[53] 吴小敏. 浅析国际贸易与内生经济增长理论 [J]. 经济管理文摘，2020（8）：158-159，163.

[54] 伍艳. 生计资本视角下农户稳定脱贫的动态测度 [J]. 华南农业大学学报（社会科学版），2020，19（2）：51-59.

[55] 徐佳丽. 区域经济对黑龙江省职业教育发展的影响——谈德国

职业教育对黑龙江省职业教育发展的启发 [J]. 经济研究导刊，2014 (5)：59-60.

[56] 徐兰. 职业教育第三方评价多方参与机制研究 [J]. 广州职业教育论坛，2015，14 (1)：17-20.

[57] 徐彦秋. 马克思劳动价值论的理论溯源、科学内涵及当代意义 [J]. 苏州大学学报（哲学社会科学版)，2021，42 (2)：11-18.

[58] 徐晖. 高等职业教育智能生态系统：内涵、结构与实践路径 [J]. 中国远程教育，2021 (7)：18-24.

[59] 许光伟. 人力资本、企业家与价值决定——马克思劳动价值论的企业视角剖析 [J]. 当代经济科学，2006 (6)：102-108，126.

[60] 薛韬. 劳动价值论对人力资本高收入的演绎——风险投资中人力资本价值实现 [J]. 中国经济问题，2009 (4)：76-80.

[61] 杨彩菊，周志刚. 第四代评价理论对高等职业教育评价的启迪与思考 [J]. 中国职业技术教育，2012 (30)：70-73.

[62] 姚爱国. 论我国高等职业教育评价体系的改革 [J]. 中国高等教育评估，2011 (4)：15-19.

[63] 叶傲祯. 人力资源投资、人力资本与组织绩效之研究 [D]. 广州：中山大学，2006.

[64] 张贞齐，孙林岩. 高等教育与人力资本开发研究 [J]. 中国软科学，2002 (11)：30-33.

[65] 赵建国，周德水. 教育人力资本、互联网使用与新生代农民工职业选择 [J]. 农业经济问题，2019 (6)：117-127.

[66] 赵冉，杜育红. 高等教育、人力资本质量对"本地—邻地"经济增长的影响 [J]. 高等教育研究，2020，41 (8)：52-62.

[67] 赵晓军，余爽. 改革开放以来中国经济发展阶段与人力资本结

构研究 [J]. 经济科学, 2020 (1): 5-20.

[68] 周其仁. 市场里的组织: 一个人力资本与非人力资本的特别合约 [J]. 经济研究, 1996 (6): 71-80.

[69] 周少甫, 王伟, 董登新. 人力资本与产业结构转化对经济增长的效应分析——来自中国省级面板数据的经验证据 [J]. 数量经济技术经济研究, 2013 (8): 65-77.

[70] 朱明秀, 吴中春. 逆向评估法: 人力资本价值计量的新思路 [J]. 生产力研究, 2006 (4): 268-270.

[71] GRUBB W N, RYAN P. The roles of evaluation for vocational education and training: Plain talk on the field of dreams [M]. International Labour Organization, 1999.

[72] ABU BAKAR M, YONG KWOK B, ABU BAKAR A. Enduring issues within Singapore's TVET [J]. Asia Pacific Journal of Education, 2020, 40 (4): 472-484.

[73] ACEMOGLU D. Introduction to economic growth [J]. Journal of Economic Theory, 2012, 147 (2): 545-550.

[74] ACQUAH D K, MALPASSA D. The technical baccalaureate: providing excellence in vocational education? [J]. Assessment in Education: Principles, Policy & Practice, 2017, 24 (1): 96-117.

[75] AGASISTI T, EGOROV A, ZINCHENKO D, et al. Efficiency of regional higher education systems and regional economic short-run growth: empirical evidence from Russia [J]. Industry and innovation, 2021, 28 (4): 507-534.

[76] AGIOMIRGIANAKIS G, ASTERIOU D, MONASTIRIOTIS V. Human capital and economic growth revisited: A dynamic panal study [J]. International Ad-

vances in Economic Research, 2002 (8): 177–187.

[77] AKHTER Z, MALIK G, PLUMMER V. Nurse educator knowledge, attitude and skills towards using high-fidelity simulation: A study in the vocational education sector [J]. Nurse Education in Practice, 2021, 53: 1–8.

[78] ARTEAGA C. The effect of human capital on earnings: Evidence from a reform at Colombia's top university [J]. Journal of Public Economics, 2018, 157: 212–225.

[79] AZAM M, AHMED A M. Role of human capital and foreign direct investment in promoting economic growth: Evidence from Commonwealth of Independent States [J]. International Journal of Social Economics, 2015, 42 (2): 98–111.

[80] BANERJEE B, JARMUZEK M. Economic growth and regional disparities in the Slovak republic [J]. Comparative Economic Studies, 2010, 52 (3): 379–403.

[81] BARABASCH A, WATT-MALCOLM B. Teacher preparation for vocational education and training in Germany: a potential model for Canada? [J]. Compare-A Journal of Comparative and International Education, 2013, 43 (2): 155–183.

[82] Barro R J, Lee J W. International data on educational attainment: updates and implications [J]. oxford Economic papers, 2001, 53 (3): 541–563.

[83] BENHABIB J, SPIEGEL M M. The role of human capital in economic development evidence from aggregate cross-country data [J]. Journal of Monetary economics, 1994, 34 (2): 143–173.

[84] BROWNLEE J, BERTHELSEN D, DUNBAR S, et al. Investigating

epistemological beliefs in vocational education for child care workers: New ways of thinking about learning and training [J]. The Australian Educational Researcher, 2008, 35: 135-153.

[85] BUCCI A, LA TORRE D. Population and economic growth with human and physical capital investments [J]. International Review of Economics, 2009, 56 (1): 17-27.

[86] CANAL DOMÍNGUEZ J F. Higher education, regional growth and cohesion: insights from the Spanish case [J]. Regional Studies, 2021, 55 (8): 1403-1416.

[87] CAO L, TRAN L T. Pathway from vocational education and associate degree to higher education: Chinese international students in Australia [J]. Asia Pacific Journal of Education, 2015, 35 (2): 274-289.

[88] CERVAI S, CIAN L, BERLANGA A, et al. Assessing the quality of the learning outcome in vocational education: the Expero model [J]. Journal of Workplace Learning, 2013, 25 (3): 198-210.

[89] CURRIE J, MORETTI E. Mother's education and the intergenerational transmission of human capital: Evidence from college openings [J]. The Quarterly journal of economics, 2003, 118 (4): 1495-1532.

[90] DANQUAH M, AMANKWAH-AMOAH J. Assessing the relationships between human capital, innovation and technology adoption: Evidence from sub-Saharan Africa [J]. Technological Forecasting and Social Change, 2017 (122): 24-33.

[91] DIEBOLT C, HIPPE R. The long-run impact of human capital on innovation and economic development in the regions of Europe [J]. Applied Economics, 2019, 51 (5): 542-563.

[92] DRUCKER J. Reconsidering the regional economic development impacts of higher education institutions in the United States [J]. Regional Studies, 2016, 50 (7): 1185-1202.

[93] DUTT A K, VENEZIANI R. Education and 'human capitalists' in a classical-Marxian model of growth and distribution [J]. Cambridge Journal of Economics, 2019, 43 (2): 481-506.

[94] ELBERS B, BOL T, DIPRETE T A. Training Regimes and Skill Formation in France and Germany: An Analysis of Change Between 1970 and 2010 [J]. Social Forces, 2021, 99 (3): 1113-1145.

[95] EVANS A D, GREEN C J, MURINDE V. Human capital and financial development in economic growth: new evidence using the translog production function [J]. International Journal of Finance & Economics, 2002, 7 (2): 123-140.

[96] FANG Z, CHEN Y. Human capital and energy in economic growth-Evidence from Chinese provincial data [J]. Energy Economics, 2017 (68): 340-358.

[97] FLEISHER B, LI H, ZHAO M Q. Human capital, economic growth, and regional inequality in China [J]. Journal of development economics, 2010, 92 (2): 215-231.

[98] FRAUMENI B M, HE J, LI H, LIU Q. Regional distribution and dynamics of human capital in China 1985-2014 [J]. Journal of Comparative Economics, 2019, 47 (4): 853-866.

[99] GOEBEL V. Estimating a measure of intellectual capital value to test its determinants [J]. Journal of Intellectual Capital, 2015, 16 (1): 101-120.

[100] HAASLER S R. The German system of vocational education and

training: challenges of gender, academisation and the integration of low-achieving youth [J]. Transfer-European Review of Labour and Research, 2020, 26 (1): 57-71.

[101] HAN J, HAN J, BRASS D J. Human capital diversity in the creation of social capital for team creativity [J]. Journal of Organizational Behavior, 2014, 35 (1): 54-71.

[102] HANUSHEK E A. Economic growth in developing countries: The role of human capital [J]. Economics of Education Review, 2013 (37): 204-212.

[103] HARRIS R, SIMONS M, MCCARTHY C. Private Training Providers in Australia: Their Characteristics and Training Activities. A National Vocational Education and Training Research and Evaluation Program Report [M]. National Centre for Vocational Education Research Ltd. PO Box 8288, Stational Arcade, Adelaide, SA 5000, Australia, 2006.

[104] HEALY T, CÔTÉS. The Well-Being of Nations: The Role of Human and Social Capital. Education and Skills [M]. Organisation for Economic Cooperation and Development, 2 rue Andre Pascal, F-75775 Paris Cedex 16, France, 2001.

[105] HOEKSTRA A, CROCKER J R. Design, implementation, and evaluation of an ePortfolio approach to support faculty development in vocational education [J]. Studies in Educational Evaluation, 2015, 46: 61-73.

[106] HOLMBOE E S, SHERBINO J, ENGLANDER R, et al. A call to action: The controversy of and rationale for competency-based medical education [J]. Medical Teacher, 2017, 39 (6): 574-581.

[107] HOU B, HONG J, SHI X. Efficiency of university-industry collab-

oration and its determinants: Evidence from Chinese leading universities [J]. Industry and Innovation, 2021, 28 (4): 456-485.

[108] HOU J, LI Q M, LIU K. Effectiveness evaluation of vocational education based on Huang-Yanpei competence theory and big data mining [J]. Basic & Clinical Pharmacology & Toxicology, 2018 (123): 93-94.

[109] HSU Y H, FANG W. Intellectual capital and new product development performance: The mediating role of organizational learning capability [J]. Technological Forecasting & Social Change, 2009 (76): 664-677.

[110] IGNATIUS J, MUSTAFA A, GOH M. Modeling funding allocation problems via AHP-fuzzy TOPSIS [J]. International Journal of Innovative Computing, Information and Control, 2012, 8 (5): 3329-3340.

[111] ISHIBUCHI H, TANAKA H. Multiobjective programming in optimization of the interval objective function [J]. European journal of operational research, 1990, 48 (2): 219-225.

[112] JACOBS L, WET C D. Evaluation of the Vocational Education Orientation Programme (VEOP) at a university in South Africa [J]. The International Review of Research in Open and Distributed Learning, 2013, 14 (4): 1-22.

[113] JEONG B. Measurement of human capital input across countries: a method based on the laborer's income [J]. Journal of Development Economics, 2002, 67 (2): 333-349.

[114] JOHN A C. Reliability and Validity: A Sine Qua Non for Fair Assessment of Undergraduate Technical and Vocational Education Projects in Nigerian Universities [J]. Journal of Education and Practice, 2015, 6 (34): 68-75.

[115] JUDGE T A, FERRIS G R. The elusive criterion of fit in human resources staffing decisions [J]. Human Resource Planning, 1992, 15 (4): 47-67.

[116] KALMAN M, PREISSER R. Evaluation in vocational Education-Highlights from the DeGEval-Working Group of Vocational Education [J]. Zeitschrift Fur Evaluation, 2017, 16 (2): 255-258.

[117] KEMPTON L, REGO M C, ALVES L R, et al. Putting universities in their place: An evidence-based approach to understanding the contribution of higher education to local and regional development [M]. Routledge, 2021.

[118] KHAIRULLINA E R, VALEYEV A S, VALEYEVA G K, et al. Features of the programs applied bachelor degree in secondary and higher vocational education [J]. Asian Social Science, 2015, 11 (4): 213-217.

[119] KHAN E A, QUADDUS M. Dimensions of human capital and firm performance: Micro-firm context [J]. IIMB Management Review, 2018, 30 (3): 229-241.

[120] KHAN M S H, MARKAUSKAITE L. Technical and Vocational Teachers' Conceptions of ICT in the Workplace: bridging the gap between teaching and professional practice [J]. Journal of Educational Computing Research, 2018, 56 (7): 1099-1128.

[121] KIM J, CHRISTIN B. Narrative Research on VET Experiences of Germany and Korea [J]. Journal of Skills and Qualifications, 2020, 9 (4): 113-131.

[122] KLENOW P J, RODRIGUEZ-CLARE A. Economic growth: A review essay [J]. Journal of monetary economics, 1997, 40 (3): 597-617.

[123] KOZIOL W, MIKOS A. The measurement of human capital as an alternative method of job evaluation for purposes of remuneration [J]. Central European Journal of Operations Research, 2020, 28 (2): 589-599.

[124] KRISTOF-BROWN A L, ZIMMERMAN R D, JOHNSON E C. Consequences of INDIVIDUALS'FIT at work: A meta-analysis of person-job, person-organization, person-group, and person-supervisor fit [J]. Personnel psychology, 2005, 58 (2): 281-342.

[125] KWAN B Y M, MBANWI A, COFIE N, et al. Creating a competency-based medical education curriculum for Canadian diagnostic radiology residency (Queen's fundamental innovations in residency education) —Part 1: transition to discipline and foundation of discipline stages [J]. Canadian Association of Radiologists Journal, 2021, 72 (3): 372-380.

[126] LAROUCHE J, YEE A J M, WADEY V, et al. Development of a Competence-Based Spine Surgery Fellowship Curriculum Set of Learning Objectives in Canada [J]. Spine, 41 (6): 530-537.

[127] LAUDER H. Human capital theory, the power of transnational companies and a political response in relation to education and economic development [J]. A Journal of Comparative and International Education, 2015, 45 (3): 490-493.

[128] LILLES A, RÕIGAS K. How higher education institutions contribute to the growth in regions of Europe? [J]. Studies in Higher Education, 2017, 42 (1): 65-78.

[129] LIM S S, UPDIKE R L, KALDJIAN A S, ET AL. Measuring human capital: a systematic analysis of 195 countries and territories, 1990-2016 [J]. The Lancet, 2018, 392 (10154): 1217-1234.

[130] LIU L, PAUDEL K P, LI G H, LEI M. Income inequality among minority farmers in China: Does social capital have a role? [J]. Review of Development Economics, 2019, 23 (1): 528-551.

[131] LOCKWOOD N R. Leveraging employee engagement for competitive advantage: HR's strategic role [J]. HR magazine, 2007, 52 (3): 1-11.

[132] LUCAS JR R E. Human capital and growth [J]. American economic review, 2015, 105 (5): 85-88.

[133] MALONE K, SUPRI S. A critical time for medical education: the perils of competence-based reform of the curriculum [J]. Advances In Health Sciences Education, 2012, 17 (2): 241-246.

[134] MAMUNEAS T P, SAVVIDES A, STENGOS T. Economic development and the return to human capital: a smooth coefficient semiparametric approach [J]. Journal of Applied Econometrics, 2006, 21 (1): 111-132.

[135] MANKIW N G, ROMER D, WEIL D N. A contribution to the empirics of economic growth [J]. The quarterly journal of economics, 1992, 107 (2): 407-437.

[136] MAROZAU R, GUERRERO M, URBANO D. Impacts of universities in different stages of economic development [J]. Journal of the Knowledge Economy, 2021, 12: 1-21.

[137] MICHIE S, WEST M A. Managing people and performance: an evidence based framework applied to health service organizations [J]. International journal of management reviews, 2004, 5 (2): 91-111.

[138] MIESERA S, GEBHARDT M. Inclusive vocational schools in Canada and Germany. A comparison of vocational pre-service teachers attitudes, self-efficacy and experiences towards inclusive education [J]. European Journal

of Special Needs Education, 2018, 33 (5): 707-722.

[139] MILGROM P, ROBERTS J. The economics of modern manufacturing: technology, strategy, and organization [J]. American Economic Review, 1990, 80: 511-528.

[140] MILLER D, XU X, MEHROTRA V. When is human capital a valuable resource? The performance effects of Ivy league selection among celebrated CEOs [J]. Strategic Management Journal, 2015, 36 (6): 930-944.

[141] MISBAH Z, GULIKERS J, MAULANA R, MULDER M. Teacher interpersonal behavior and student motivation in competence-based vocational education: Evidence from Indonesia [J]. Teaching and Teacher Education, 2015 (50): 79-89.

[142] MULLIGAN C B. Parental priorities and economic inequality [M]. University of Chicago Press, 1997.

[143] NORDHAUG O. Human capital in organizations: Competence, training, and learning [M]. Oslo: Scandinavian university press, 1993.

[144] OH W Y, CHANG Y K, JUNG R. Experience-based human capital or fixed paradigm problem? CEO tenure, contextual influences, and corporate social (ir) responsibility [J]. Journal of Business Research, 2018, 90: 325-333.

[145] PANTZALIS C, PARK J C. Equity market valuation of human capital and stock returns [J]. Journal of Banking & Finance, 2009, 33 (9): 1610-1623.

[146] PATTERSON D J. The Development of a Bachelor of Engineering Program at the Northern-Territory-University, Australia [J]. IEEE Transactions on Education, 1994, 37 (2): 178-183.

[147] PAULUS J, JOOS S, STEINHAUSER J. A competence-based curriculum for vocational training in general practice in Germany: Nearby or far away? [J]. Medical Teacher, 2011, 33 (4): 340-341.

[148] PENG M W, SUN S L, MARKÓCZY L. Human capital and CEO compensation during institutional transitions [J]. Journal of Management Studies, 2015, 52 (1): 117-147.

[149] PENNINGS J M, LEE K, WITTELOOSTUIJN A. Human capital, social capital, and firm dissolution [J]. Academy of management Journal, 1998, 41 (4): 425-440.

[150] PEREIRA J, AUBYN M S. What level of education matters most for growth?: Evidence from Portugal [J]. Economics of Education Review, 2009, 28 (1): 67-73.

[151] PEREZ-ALVAREZ M, STRULIK H. Nepotism, human capital and economic development [J]. Journal of Economic Behavior & Organization, 2021, 181: 211-240.

[152] PHILLIPS J J. Investing in your company's human capital: Strategies to avoid spending too little—or too much [M]. Amacom Books, 2005.

[153] PINHEIRO R, PILLAY P. Higher education and economic development in the OECD: policy lessons for other countries and regions [J]. Journal of Higher Education Policy and Management, 2016, 38 (2): 150-166.

[154] PROBYN L, HARTERY A, TAYLOR J, et al. Transforming postgraduate diagnostic radiology training in Canada with competence-based medical education [J]. Canadian Association of Radiologists Journal, 2021, 72 (2): 324-325.

[155] PROTER M. What is strategy? [J] Harvard business review, 1996,

74 (6): 61-78.

[156] PULLMAN A. Emancipation, marketisation, and social protection: the female subject within vocational training policy in Canada, 1960-1990 [J]. Gender and Education, 2015, 27 (7): 759-775.

[157] Ram R. IQ and economic growth: Further augmentation of Mankiw-Romer-Weil model [J]. Economics Letters, 2007, 94 (1): 7-11.

[158] RICE K, ROCK A J, MURRELL E, et al. The prevalence of psychological distress in an Australian TAFE sample and the relationships between psychological distress, emotion-focused coping and academic success [J]. Australian Journal of Psychology, 2021, 73 (2): 231-242.

[159] ROMER P M. Human capital and growth: Theory and evidence [J]. Carnegie-Rochester Conference Series on Public Policy, 1990 (32): 251-286.

[160] RUÍZ M D A, GUTIÉRREZ J O, MARTÍNEZ-CARO E, et al. Linking an unlearning context with firm performance through human capital [J]. European Research on Management and Business Economics, 2017, 23 (1): 16-22.

[161] SAKELLARIOU C. Benefits of general vs vocational/technical education in Singapore using quantile regressions [J]. International Journal of Manpower, 2006, 27 (4): 358-376.

[162] SALIM R, YAO Y, CHEN G S. Does human capital matter for energy consumption in China? [J]. Energy Economics, 2017, 67: 49-59.

[163] SAUNDERS R. Assessment of professional development for teachers in the vocational education and training sector: An examination of the concerns based adoption model [J]. Australian journal of education, 2012, 56 (2): 182-204.

[164] SCHULTZ T W. The Economic Value of Education [M]. New York: Columbia University Press, 1963.

[165] SCHÜNDELN M, PLAYFORTH J. Private versus social returns to human capital: Education and economic growth in India [J]. European Economic Review, 2014, 66: 266-283.

[166] SENGUPTA A, PAL T K, CHAKRABORTY D. Interpretation of inequality constraints involving interval coefficients and a solution to interval linear programming [J]. Fuzzy Sets and systems, 2001, 119 (1): 129-138.

[167] SENGUPTA A, PAL T K. On comparing interval numbers [J]. European Journal of Operational Research, 2000, 127 (1): 28-43.

[168] SHINDO Y. The effect of education subsidies on regional economic growth and disparities in China [J]. Economic Modelling, 2010, 27 (5): 1061-1068.

[169] STURING L, BIEMANS H J A, MULDER M, et al. The nature of study programmes in vocational education: Evaluation of the model for comprehensive competence-based vocational education in the Netherlands [J]. Vocations and Learning, 2011, 4: 191-210.

[170] SUN X, LI H, GHOSAL V. Firm-level human capital and innovation: Evidence from China [J]. China Economic Review, 2020, 59: 1-8.

[171] SUNAGA T. Theory of an interval algebra and its application to numerical analysis [J]. Japan Journal of Industrial and Applied Mathematics, 2009, 26 (2): 125-143.

[172] TAVANA M, LI Z, MOBIN M, et al. Multi-objective control chart design optimization using NSGA-III and MOPSO enhanced with DEA and TOPSIS [J]. Expert Systems with Applications, 2016, 50: 17-39.

[173] VIDOTTO J D F, FERENHOF H A, SELIG P M, BASTOS R C. A human capital measurement scale [J]. Journal of Intellectual Capital, 2017, 18 (2): 316-329.

[174] VINOD H D, KAUSHIK S K. Human capital and economic growth: evidence from developing countries [J]. The American Economist, 2007, 51 (1): 29-39.

[175] VOLERY T, MÜLLER S, OSER F, et al. The impact of entrepreneurship education on human capital at upper-secondary level [J]. Journal of Small Business Management, 2013, 51 (3): 429-446.

[176] VOMBERG A, HOMBURG C, BORNEMANN T. Talented people and strong brands: The contribution of human capital and brand equity to firm value [J]. Strategic Management Journal, 2015, 36 (13): 2122-2131.

[177] WANG P, ZHU Z, WANG Y. A novel hybrid MCDM model combining the SAW, TOPSIS and GRA methods based on experimental design [J]. Information Sciences, 2016, 345: 27-45.

[178] WANTCHEKON L, KLANJA M, NOVTA N. Education and Human Capital Externalities: Evidence from Colonial Benin [J]. Quarterly Journal of Economics, 2015, 130 (2): 703-757.

[179] WELL D N. Accounting for the effect of health on economic growth [J]. The quarterly journal of economics, 2007, 122 (3): 1265-1306.

[180] WERNERFELT B. A resource-based view of the firm [J]. Strategic Management Journal, 1984, 5 (2): 171-180.

[181] WRIGHT P M, DUNFORD B B, SNELL S A. Human resource and the resource based view of the firm [J]. Journal of management, 2001 (27): 701-721.

[182] XIAO M, YI H. A practical and efficient multi-assessment system for vocational teaching based on machine learning [J]. The International Journal of Electrical Engineering & Education, 2020: 00207209209040573.

[183] ZHU T T, PENG H R, ZHANG Y J. The influence of higher education development on economic growth: evidence from central China [J]. Higher Education Policy, 2018, 31: 139-157.